保育内容

環 境

― 基礎的事項の理解と指導法 ―

岡　　健 編著

安達　譲
岡本潤子
沖田久美子
金澤妙子
北澤明子
佐藤康富
波岡千穂
秦　賢志
丸谷雄輔 共著

はじめに

　皆さんは，最近どのようなことに心が動いただろうか。「心が震える」というような経験は，と聞かれて何を思い出すだろうか。「不思議だな？」「どうしてなのかな？」「どうなってるのだろう？」といったワクワク，ドキドキするような気持ちについてはどうだろうか。

　あるいは最近，立ち止まって花を，草を，アリやムシを，生き物をじっくりと，まざまざと眺めた時間はあるだろうか。目をつむって聞こえてくる音にはどういう音があったかを思い出せるだろうか。匂い（臭い）につられ，ついついその場所を探してしまった経験は……？

　子どもと一緒に歩いていると，こうした子どもの行動に出会う。大人になってしまうと，早く目的地にたどり着きたくて，「まだ!?」「もう行こう！」と言ってしまいたくなるかもしれないその瞬間(とき)，子どもはいったいどのような経験をしているのだろうか。

　「『知る』ことは『感じる』ことの半分も重要ではない」といった海洋生物学者のレイチェル・カーソンは次のように述べている。

　　　子どもたちがであう事実のひとつひとつが，やがて知識や知恵を生みだす種子だとしたら，さまざまな情緒やゆたかな感受性は，この種子をはぐくむ肥沃な土壌です。（中略）美しいものを美しいと感じる感覚，新しいものや未知のものにふれたときの感激，思いやり，憐れみ，賛嘆や愛情などのさまざまな形の感情がひとたびよびさまされると，次はその対象となるものについてもっとよく知りたいと思うようになります。そのようにして見つけだした知識は，しっかりと身につきます。
　　　（レイチェル・カーソン著，上遠恵子訳，『センス・オブ・ワンダー』，新潮社，1996，pp.24-26）

2018年度から新たな幼稚園教育要領，保育所保育指針，幼保連携型認定こども園教育・保育要領がスタートした。保育所，幼稚園，幼保連携型に認定こども園，いずれの教育・保育施設であったとしてもそこで展開される保育は，このガイドラインに基づいて実施される。したがって，保育の専門家になるための学びに向き合っている皆さんは，各々の養成課程のカリキュラムの中で，そこに示される「領域」ごとの保育内容の基礎的事項ならびに指導法を深く学ぶことが求められている。

　加えて，今回の学習指導要領の改訂に伴い，いわゆるアクティブラーニングと呼ばれるような主体的な学びが，すべての学校種において求められるようになっている。前述したような子どもの姿を思い浮かべるとき，それはまさにアクティブラーニングにほかならない。しかし，私たちはすでに大人になってしまっており，その学び方を残念ながら忘れてしまっている場合が多い。では，どうやったらそうした学びを支える学び手になることができるのだろうか。

　本書は，教職課程コアカリキュラムの教育内容をより具体的に示したモデルカリキュラムに準拠した内容と関連させて各章を編纂している（対応関係はp. iii - ivの対応表を参照）。また，多くの章でたくさんの具体的な事例を掲載することによって，子どもの姿がイメージしやすくなるような展開を心がけている。

　「領域」において何を学ぶのかとともに，本来アクティブラーナーである子どもたちの学びや育ちを支える専門家となるために，彼・彼女たちのたくさんの事例から学習を深めていって欲しい。

　本書が，あなたの素敵な学びの一助になることを願って。

2019年6月

編著者　岡　　健

A．モデルカリキュラム「幼児と環境」における到達目標と本書の対応項目

（1）幼児を取り巻く環境

〈一般目標〉

幼児を取り巻く環境と，幼児の発達にとっての意義を理解する。

〈到達目標〉	本書の対応章
1）幼児を取り巻く環境の諸側面（物的環境，人的環境，社会的環境，安全等）と，幼児の発達におけるそれらの重要性について説明できる。	第1章，第2章
2）幼児と環境との関わり方について，専門的概念（能動性，好奇心，探究心，有能感等）を用いて説明できる。	第1章，第2章
3）知識基盤社会及び持続可能な開発のための教育（ESD）などの幼児を取り巻く環境の現代的課題について説明できる。	第2章，第9章，第10章，第12章

（2）幼児の身近な環境との関わりにおける思考・科学的概念の発達

〈一般目標〉

幼児期の思考・科学的概念の発達を理解する。

〈到達目標〉	本書の対応章
1）乳幼児期の認知的発達の特徴と道筋を説明できる。	第1章〜第7章，第11章，第12章
2）乳幼児の物理的，数量・図形との関わりの事象に対する興味・関心，理解の発達を説明できる。	第6章，第7章
3）乳幼児の生物・自然との関わりの事象に対する興味・関心，理解の発達を説明できる。	第4章，第5章

（3）幼児の身近な環境との関わりにおける標識・文字等，情報・施設との関わりの発達

〈一般目標〉

幼児期の標識・文字等，情報・施設との関わりの発達を理解する。

〈到達目標〉	本書の対応章
1）乳幼児を取り巻く標識・文字等の環境と，それらへの興味・関心，それらとの関わり方を説明できる。	第8章
2）乳幼児の生活に関係の深い情報・施設と，それらへの興味・関心，それらとの関わり方について説明できる。	第9章，第10章

B．モデルカリキュラム「保育内容「環境」の指導法」における到達目標と本書の対応項目

（1）領域「環境」のねらい及び内容

〈一般目標〉

幼稚園教育要領に示された幼稚園教育の基本を踏まえ，領域「環境」のねらい及び内容を理解する。

〈到達目標〉	本書の対応章
1）幼稚園教育要領に示された幼稚園教育の基本，領域「環境」のねらい及び内容並びに全体構造を理解している。	第3章～第10章
2）領域「環境」のねらい及び内容を踏まえ，幼児が経験し身に付けていく内容と指導上の留意点を理解している。	第3章～第10章
3）幼稚園教育における評価の考え方を理解している。	第3章～第10章
4）領域「環境」に関わる周囲の様々な環境に好奇心や探究心をもって関わり，それらを生活に取り入れていこうとする経験と，小学校以降の教科等とのつながりを理解している。	第6章～第9章，第11章，第12章

（3）領域「環境」の指導方法及び保育の構想

〈一般目標〉

幼児の発達や学びの過程を理解し，領域「環境」に関わる具体的な指導場面を想定した保育を構想する方法を身に付ける。

〈到達目標〉	本書の対応章
1）幼児の心情，認識，思考及び動き等を視野に入れた保育構想の重要性を理解している。	第12章，第13章
2）領域「環境」の特性及び幼児の体験との関連を考慮した情報機器及び教材の活用法を理解し，保育構想に活用することができる。	第12章，第13章
3）指導案の構造を理解し，具体的な保育を想定した指導案を作成することができる。	第13章
4）模擬保育とその振り返りを通して，保育を改善する視点を身に付けている。	第11章，第13章
5）領域「環境」の特性に応じた現代的課題や保育実践の動向を知り，保育構想の向上に取り組むことができる。	第13章

目 次

第1章　「環境」をどう捉えるか ……………………………………… *1*
　1．はじめに ……………………………………………………………… *1*
　2．保育における「援助」と教科指導における「教授学習」
　　との違い―なぜ「環境による教育」なのか ……………………… *2*
　3．「環境による教育」である保育において，保育者の
　　専門性を身に付けるためになぜ「領域」を学ぶのか …………… *8*

第2章　乳幼児の発達と「環境」 ……………………………………… *12*
　1．「心が動くこと」と乳幼児期の好奇心，探究心 ………………… *12*
　2．領域「環境」と子どもの育ちの実際 ……………………………… *12*
　　（1）思考力の芽生え　*12*
　　（2）好奇心，探究心をもつ　*15*
　　（3）文字・数量の感覚を身に付ける　*17*

第3章　領域「環境」のねらいと内容及び評価 …………………… *20*
　1．領域「環境」のねらいと内容 ……………………………………… *20*
　　（1）領域「環境」のねらい　*20*
　　（2）領域「環境」の内容　*21*
　2．内容の取扱いについて ……………………………………………… *26*
　3．資質・能力及び10の姿 …………………………………………… *29*
　4．幼稚園教育における評価の考え方 ………………………………… *33*

**第4章　身近な生き物や植物に親しみをもってかかわる
　　　　ということ** ……………………………………………………… *36*
　1．身近な生き物や植物 ………………………………………………… *36*
　　（1）子どもにとって身近さとは　*36*
　　（2）箱の中の小さな自然　*37*
　　（3）センス・オブ・ワンダーを磨く　*38*
　2．植物や生き物に親しみをもってかかわる ………………………… *39*
　　（1）飼育，栽培でかかわる　*39*
　　（2）「あるもの」にかかわる　*39*

第5章　季節による生活や自然の変化に気付くこと……………………45
1．わが国の風土と生活…………………………………………………45
　（1）日本の風土の特徴　*45*
　（2）四季の変化と子どもの生活　*46*
2．季節を感じる実践例…………………………………………………47
　（1）春の実践　*47*
　（2）夏の実践　*48*
　（3）秋の実践　*49*
　（4）冬の実践　*50*
　（5）1年を通した実践　*51*
3．四季の変化と保育実践のポイント…………………………………52
　（1）四季の変化を感じることができる保育の環境　*52*
　（2）四季の変化と保育の計画　*53*
　（3）自然とのかかわりをより深めていくための視点　*53*

第6章　様々な物や道具に触れ，その性質や仕組みに興味や関心をもつこと……………………55
1．はじめに………………………………………………………………55
2．幼児の興味・関心への芽生え………………………………………56
3．乳児期の興味・関心…………………………………………………57
4．興味・関心が「小さな科学者」のように深まる…………………59

第7章　日常生活の中で数量や図形などに関心をもつこと……………65
1．数との出会い…………………………………………………………65
　（1）自分の指を動かしながら数と出会う　*66*
　（2）「いっぱい」という表現　*67*
　（3）遊びの中で数と出会う　*68*
2．図形との出会い………………………………………………………70
　（1）子どもたちの積み木遊びから　*71*
　（2）立体から平面へ，平面から立体へ，
　　　　数学の基礎的概念の形成　*72*

第8章　日常生活の中で標識や文字などに関心をもつこと……75
1．標識や文字への関心………………………… 75
2．所属，場所を示す標識……………………… 76
3．社会の中でのきまりとしての標識………… 78
4．伝える手段としての文字…………………… 79
5．小学校以降の学習の基盤として…………… 83

第9章　生活に関係の深い情報や施設などに興味や関心をもつこと……85
1．情報化社会の中で生きる子どもたち……… 85
　（1）生活に関係の深い情報や施設　86
　（2）地域社会と保育　87
2．行事を通して育つ子どもたち……………… 91

第10章　日常生活の中で文化や伝統，行事等に親しむこと……96
1．様々な行事と保育…………………………… 96
2．文化や伝統，行事等に親しむことの大切さ…… 97
3．保育の中で子どもが体験する文化や伝統，行事の実際…… 98
　（1）クリスマス　98
　（2）お正月など　101
　（3）ひな祭りや誕生日など　103
　（4）地域の行事や祭り　105

第11章　アプローチカリキュラムとスタートカリキュラム……107
1．幼小連携…………………………………… 107
　（1）小学校以降の生活や学習の基盤の育成　107
　（2）小学校教育との接続　108
2．アプローチカリキュラム………………… 109
3．スタートカリキュラム…………………… 112

第12章　「環境」とのかかわりを支える保育者の役割……115
1．はじめに…………………………………… 115
2．教材を工夫し，物的・空間的環境を構成する役割…… 117
3．やりとり等を含めた人的環境としての技能…… 125

第13章　指導案作成から保育へ …………………………………………… *132*
　1．指導案の作成において心がけたいこと
　　　—今の子どもの姿と保育者の願いからつくる保育の計画 …… *132*
　2．3歳児「教材研究と日々のつながりから
　　　保育計画を立てる」………………………………………………… *133*
　3．4歳児「計画を立てるという試行を学ぶ」
　　　〜新任保育者と先輩保育者のやりとりを通して〜 …………… *148*

付　録
　　学校教育法（抄）……………………………………………………… *158*
　　幼稚園教育要領（抄）………………………………………………… *158*
　　保育所保育指針（抄）………………………………………………… *161*
　　就学前の子どもに関する教育，保育等の総合的な
　　　提供の推進に関する法律（抄）………………………………… *166*

第1章 「環境」をどう捉えるか

📖 **予習課題**

今日1日の中で、「心が動いた」場面を書き起こしてみよう。

1. はじめに

　2017（平成29）年3月に新しい幼稚園教育要領が告示された。この告示に先だって「幼稚園，小学校，中学校，高等学校及び特別支援学校の学習指導要領等の改善及び必要な方策等について（答申）」（中教審第197号）が示されているが，そこには次のような記載がある。

> 　幼児教育においては，幼児期の特性から，この時期に育みたい資質・能力は，小学校以降のような，いわゆる教科指導で育むのではなく，幼児の自発的な活動である遊びや生活の中で，感性を働かせてよさや美しさを感じ取ったり，不思議さに気付いたり，できるようになったことなどを使いながら，試したり，いろいろな方法を工夫したりすることなどを通じて育むことが重要である。（傍点筆者）

　さて，この記載にある「小学校以降のような，いわゆる教科指導で育むのではなく」とはどのようなことだろう。現行の幼稚園教育要領（以下，幼稚園要領）や保育所保育指針（以下，保育指針），幼保連携型認定こども園教育・保育要領（以下，認定こども園要領）等，わが国の保育の志向性の質を示すガイドラインにおいては，「環境による教育」や「遊びによる総

合的指導」の重要性が指摘されている。いったいそれはなぜだろう。

　このことを考えるために，まず，保育における「援助」の特徴と「小学校以降のような，いわゆる教科指導」（以下，教科指導）における「教授学習」の特徴について理解することから始めよう。

2．保育における「援助」と教科指導における「教授学習」との違い―なぜ「環境による教育」なのか

　かつて小川博久（2000）は，教科指導における教師の子どもへの向き合い方が，「子どもにいかにかかわるべきか」という教授学的思考方法に立脚している点を指摘した上で，保育が原則的に「援助」であること，また「援助とは子どもにいかにかかわりうるかを見極め，大人が願いをもって子どもにかかわること」であることを定義した[1]。

　図1-1及び図1-2（後出）は，この指摘を踏まえ，両者における目標設定の違いを筆者が図示したものである。

　保育においては，「子ども理解」はその中核になっている。これは小川が，「子どもの志向性のありかを探る」と呼んだ，いわば「子どもの育ちの意思」を読み取る行為をさす（図1-1-①）。そして，この「子ども理解」に基づいて，保育者は目標を設定することになる（図1-1-②）。

　具体的に考えてみよう。例えば，砂場で子どもが「型抜き」をしていたとする。ただ，もしこの時の子どもの行動を「型抜き」としてしか捉えられなかったとしたら，保育者は目標を設定し，具体的かつ適切な援助行為を実施することはできない。なぜならば，仮に子どもができあがった砂のかたまりを見て，「あ，ケーキだ」「プリンだ」などと，いわゆる「見立て」と言われるようなことを楽しんでいたとしよう。すると保育者は，この「見立て」という行動を起こしているその子の活動の中に，「表現」の領域に属するような育ちを見出し，例えば，子どもの「イメージ」がもっとふくらむといいだろうと思って（図1-1-②），白砂をかけたり，花びらや葉っぱをのせるなどの具体的なかかわりを行う。

2. 保育における「援助」と教科指導における「教授学習」との違い—なぜ「環境による教育」なのか　3

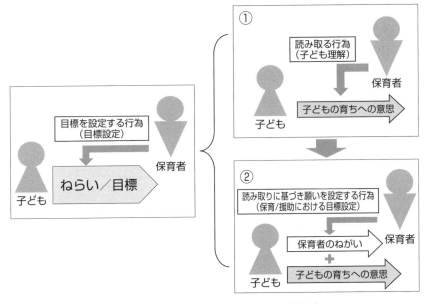

図1-1　保育（援助論）における目標設定

　ところがもし，子どもが「きっとこんな形になるんだよな」「この波々とした部分，稜線のようにきれいにできるかな」など，自分が抜いている型のできあがりを頭の中に描き，それが本当にその形になるかどうか，あるいは，どうやったら頭に描いた仮説が実現できるか，その仮説は本当に検証できるか，といった試行錯誤や実験行為（いわば「環境」領域に該当するような経験）を行っていたとしたらどうだろう。「こんな形にきっとなる」「できた」と思ったまさにその瞬間に白砂をかけられたとすれば，子どもは「ああ，せっかく砂の型の稜線が見られると思ったのに……」「この汚ならしい砂は何なんだ」と思ったとしても何ら不思議なことではない。どんなに「子どものため」を思ったとしても，それは結局，大人の独りよがりな行為，子どもの思いを邪魔する行為にしかならないだろう。

　保育では，このように子どもが「したい」と思っている行動の中に，子どもの育ちの方向性を「意思」として読み取り，その延長線上に「ねがい」を設定することが求められている。それはなぜか。

すでに述べたことであるが、このことは、わが国の幼稚園要領や保育指針、認定こども園要領等において、保育が「環境による教育」「遊びによる総合的な指導」を強調していることと無縁ではない。本書の第3章において詳しく学ぶことになるが、2017年の改訂（定）に際して、これまでにも増していわゆる非認知的な能力、あるいは社会情動的スキルといった、これまで「生きる力」として示されてきた方向性が、改めて強く示されている。分かりやすく言い換えれば、「自ら学んでいく力」「主体性」「自律性」「問題解決力」等の重要性が改めて確認され、取り上げられたと言ってよい。ところが、こうした資質や能力は、教えて、伝えて、育てていくことは基本的にできない。なぜならば、「教えて」「伝えた」行動を子どもがしたとしても、それは本当に子どもの「主体性」と呼べるのか、私が「よい」と考えている行動をオウム返しのようにさせたにすぎないのではないのか、という疑問はどうしても払拭できないからである。

子どもは、やりたいことを自分で成し遂げたと実感した時に、もう1回やろうとか、もっと違うことをやろうという意欲がわく。「できた」という実感の積み重ねが自己肯定感につながり、自分はやれるはずだという自信につながっていく。だから、その次にうまくいかないことがあったとしても、またやれば何とかできるのではないかと試行錯誤しようとしていると言ってよい。逆に言えば、言われたことばかりでやりたいことができない、やりたいといった思いが実現できない体験や、失敗してばかりの体験では、達成感を味わうことができないばかりか、努力しても無駄だということを学習しかねない。したがって、こうした経験の積み重ねをつくるためには、子どもたちがやりたいと思っている事柄そのものを読み解く必要がある。それが「子ども理解」にほかならない。

それに対して、教科指導における「目標設定」はどう捉えられるか。それが図1-2になる。

教科指導においては、子どもの志向性（子どもの育ちへの意思）と、教師の授業意図が必ずしも一致しないことがありうる（図1-2-①）。先の「型抜き」を例にすれば、授業という営みにおいて「型抜き」をする場合、教

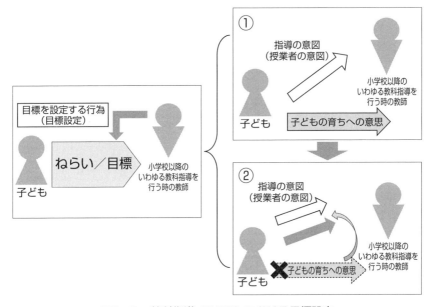

図1-2　教科指導（教授論）における目標設定

師は，あらかじめ「型抜き」を通して，例えば「見立て」を育てる，といった目標を設定している。でもこの時子どもは，知的な好奇心や試行錯誤に取り組んでいたとしよう。すると授業では，その子どもの行動は，原則として認められない。教師は，抜いた砂のかたまりに対して，「あっ，これ○○に見えるね」「おいしいそうだよ，食べてみてごらん」等々，なんとか「見立て」に戻すように働きかけることになる（図1-2-②）。なぜか。

改めて，小学校学習指導要領（以下，学習指導要領）と幼稚園要領を比較してみよう。学習指導要領における「ねらい」や「内容」と幼稚園要領におけるその記載内容が，きわめて抽象度において異なっていることに気付くだろう。例えば，小学校の国語科について学習指導要領には，ひらがなやカタカナで五十音が読めるように，書けるようにすることなどが書かれている。それに対し，幼稚園要領にはそうした具体的な記載はなく，文字等の記号に十分親しむことや，興味を示すことの重要性が指摘されているといった違いがある[1]。

こうした違いはなぜ生まれるのか。それは，そもそも教育にはその機能として，現在の社会が社会として滞りなく営んでいくために必要な知識や技術等を「伝達」するという機能と，現代社会の課題に向き合い，よりよく，新しい未来社会を「創造」するために必要な力を育成するという2種類の機能が求められていることに由来している。

この2つの機能は，そもそもどちらが「正しいか−間違っているか」，どちらが「よいか−悪いか」といった比較ができるものではない。現在の私たちの社会が滞りなく営まれていくためには，その社会が社会として正常に機能するために必要な知識や技能がある。それを確実に教えることを，教科指導はその中心としている。

ちなみにこのことは，次のような授業場面の典型的なやりとりを思い浮かべれば分かりやすいだろう。例えば，時間を尋ねるという場面を想定してみよう。

〈日常場面の会話〉
　A氏「今何時ですか？」　B氏「2時半です」　A氏「ありがとう」
〈授業の会話〉
　先生「今何時ですか？」　子ども「2時半です」　先生「正解です」

1　例えば，「幼稚園教育要領解説」（文部科学省，2018）の「領域　環境」の「内容の取扱い」「(5) 数量や文字などに関しては，日常生活の中で幼児自身の必要感に基づく体験を大切にし，数量や文字などに関する興味や関心，感覚が養われるようにすること」には，次のように書かれている。
「幼児期における数量や文字に関する指導は，確実に数を数えられたり，文字を正確に読めたり，書けたりすることを目指すものではない。なぜなら，個人差がなお大きいこともあるが，それ以上に，確実にできるために必要な暗記などの習熟の用意が十分に整っているとは言い難いからである。幼児期に大切にしたいことは，習熟の指導に努めるのではなく，幼児が興味や関心を十分に広げ，数量や文字に関わる感覚を豊かにできるようにすることである。このような感覚が，小学校における数量や文字の学習にとって生きた基盤となるものである。（第2章　第2節　4　言葉の獲得に関する領域「言葉」［内容］⑽，［内容の取扱い］(5)を参照）」（傍点，筆者）

これは，Mehan, H（1979）[2]が指摘した，授業場面での教師と子どもの典型的なやりとり（「IRE構造」）と呼ばれるものである。日常生活であれば，知らないことを尋ね，それを教えてもらえば礼を言う。当たり前のことである。それが授業では，わざわざ尋ね（initiation），それに答えさせている（reply）にもかかわらず，感謝するのではなく，評価する（evaluation）というコミュニケーションがとられる。しかしながら私たちは，授業の中でこのようなコミュニケーションが行われていたとしても一向に訝しがることはない。むしろ当然な光景として受け止めている。それは繰り返しになるが，教科指導が「伝達」を中心的とする営みだからである。

授業においては，目標はあくまで教師が設定している。したがって，教師のねらいと異なる子どもの活動は糺されるのに対し，保育では，目標は，原則的に子ども自身の目標を意味する（小川はそれを，教師が子どもになりかわって設定したものと指摘した）。

むろん，遊びと放任が異なるように，保育において「子どもの志向性」は放っておいて生まれるものではない。例えば，先の「型抜き」を再び例にして考えれば，子どもは砂場に行ったからといって「型抜き」をするわけではない。そこに型が準備されていたり，楽しそうに「型抜き」をしている保育者や他児がいるから，「何だろう」「ぼくもやってみたい」と動きだすのである。したがって保育者は，子どもの「やりたい」「何だこれ？」等々（＝「子どもの志向性」）に先だって環境を構成し，また，それを連続的に展開するために，「ねらい」に基づいて再び環境を再構成して実践を営んでいる。これが「環境による教育」を意味している（図1-3は，そのことを図1-1をもとに書き加えたものである）。

「教え」「伝える」という「伝達」を主機能としている教科指導と異なり，まさに「自ら学んでいく力」「主体性」「自律性」「問題解決力」等々を育てるということを主にすることを目的としているために，保育は「環境による教育」に重点が置かれる。幼稚園要領の総則に「幼児期の教育は，生涯にわたる人格形成の基礎を培う重要なものであり，幼稚園教育は，学校教育法に規定する目的及び目標を達成するため，幼児期の特性を

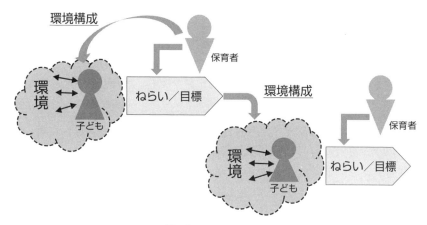

図1-3 「保育（＝援助行為）」の連続性

踏まえ，環境を通して行うものであることを基本とする」と書かれている通りである。

3. 「環境による教育」である保育において，保育者の専門性を身に付けるためになぜ「領域」を学ぶのか

　保育が教科指導とどう異なるのか，また，保育ではなぜ「環境による教育（環境構成）」が行われる必要性があるのかを前節で述べた。そこでここでは，保育者の専門性を身に付ける上で，なぜ領域を学ぶ必要があるのかを説明しよう。

　図1-4は，保育の一連の行為を，改めて流れとして捉えたものになる。「子ども理解」に基づき「ねらい／目標」を立て，「手立て」を考えて実施，その実施後の子どもの姿を改めて捉え直し（＝「評価」），次の保育へと展開する。これは別の言い方をすれば，指導計画を立案し，実施するプロセスにほかならない。

　ところでこの図を用いて，保育者の専門性という観点から必要な「子ども理解」を説明すると，一人一人の子どもの具体的な姿としての「事実」を拾い，それを束ねて，そこにある意味を「解釈」することが援助の始ま

3.「環境による教育」である保育において,保育者の専門性を身に付けるためになぜ「領域」を学ぶのか　　9

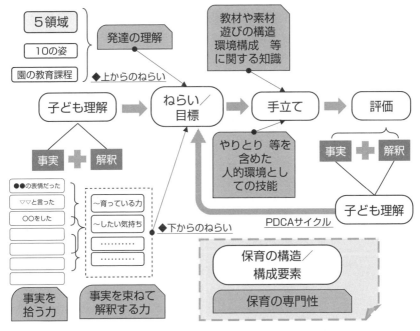

図1-4　保育の構造（構成要素）と専門性

りである。その際に確認しなければならないのは,「解釈」とは,決して保育者の想像や希望ではなく,あくまでも「事実」に基づいたものでなければならない,ということである。そのためには,そもそも多様な「事実」をきちんと拾えないと,適切な「解釈」にならない。

　次のようなたとえを出すと,理解が促されるかもしれない。例えば,医者が患者を診断する場面を想定しよう。医療に関する専門的な知識をもっている医者は,患者が訴えるある1つの症状だけで病名を判断したりはしない。「お腹が痛い」と患者が訴えてきた時に,即座に「○○病」と判断して,薬を出したりはしないだろう。患者の症状を十分に確認しないままに,「全般的に炎症を抑える薬」をとりあえず処方することなど,許されるものではない。

　「のどが痛い」「熱がある」「どれだけ続いているか」とか,場合によっては血液検査をしたりして,実際の症状や状態を総合的に解釈して病名を

診断し，その上で，その病気の治療法や薬の処方を考えている。さしずめ，診断の前の段階が「事実を拾うこと」，診断が「解釈」，ということになろう。そして，これらを踏まえて治療法の選定や薬の処方が行われることになる。このことが「ねらい／目標」を設定することであり，「手立て」を考えることになる。では，再び保育に話を戻そう。

既述したように，「自ら学んでいく力」「主体性」「自律性」「問題解決力」等々を育てるということを主目的としている保育の場合，原則的に，その子どもが「やりたい」と思っていることの延長線上で「ねらい」を立てる。何を楽しみ，何が育っているのか，という実態の把握のもとに，子ども自身が描きたいと思っている未来性を描くこと。これが図1－4で示した「下からのねらい」を示したものになる。ただ，保育者は同時に，その子どもの育ちの先，いわば，その先に描けるといいだろうと思っている未来性を併せて「ねらい」を描いている。

例えば，前述した「型抜き」で考えれば，子どもが抜いた型を何かに見立てようとしているから（＝「下からのねらい」），そこにいわゆる「表現」の領域に示される子ども自身の未来性を描き，そのイメージがふくらむようにと，白砂をかけたり，花びらや葉っぱをのせる等々，外側から文化をもち込んだ。また，子どもが，型を使うと砂がきれいなかたまりになることが不思議だったり，もっときれいに抜きたいと試行錯誤しようとしているから（＝「下からのねらい」），そこにいわゆる「環境」の領域に示される子ども自身の未来性を描き，1人でじっくりとその行為を繰り返し，楽しむことの時間と空間を保障しようとしたのである。

ただ同時に保育者は，もしイメージを楽しむその子どもに対して，もう少し大きな動きや仲間とのかかわりを求めていけるかもしれないと考えれば（＝「上からのねらい」），そこに，いわゆる「健康」や「人間関係」の領域に示される子ども自身の未来性を描き，そのイメージがふくらむようにと，大きな容器や，バケツなどを追加するかもしれない。これらの道具を入れることで，それまで手先で操作していたものが，からだ全体を使った動きになったり，時には重くて1人でひっくり返せないものを，ほかの子

どもたちと協力する姿も見られる可能性が想定されてくる。また，つくるものが大きくなれば，ほかの子どもとその表現を共有するかかわりも誘発されやすくなるだろう。さらには，そこに水という素材を入れたとすれば，それは「型抜き」からさらに発展して，川づくりやダムづくりといった動きにまで展開するかもしれない。

　保育者は，子どものやっていることと，これからその子どもと周りの子どもが経験するであろうことを想定して，「ねらい／目標」を立てている。そのためには，子どもが今，どのようなことを育とうとしているかを読み取ること（解釈する視点）や，その遊びの展開の先に獲得してほしいと願う，いわば育ちの先を想定すること（発達の知識）が不可欠となる。領域を学ぶとは，まさにこの「視点」や「知識」を学ぶことにほかならない。そして保育者は，このことを踏まえ，その「ねらい／目標」の実現のために「手立て」を想定する。時間を保障し，道具や場を整え，言葉をかけて，その環境を整えていくのである（「教材や素材，遊びの構造，環境構成等に関する知識」や「やりとり等を含めた人的環境としての技能」）。

まとめの課題

　幼稚園教育要領（保育所保育指針）の領域の「内容」と小学校学習指導要領の（任意の教科，低学年の「内容」）を見比べて，その違いについて気付いたことを友達と話してみよう。

引用・参考文献

1) 小川博久：保育援助論，萌文書林（復刻版），2010（初版は生活ジャーナル社，2000）
2) Mehan, H: Learning lessons: social organization in the classroom. Cambridge, MA. Harbard University Press, 1979（なお，佐藤学：教育方法学，岩波書店，1996，p.93も参照のこと）
・岡健：保育者が主体的に研修・研究に臨むために〜保育が「援助」であることとの相似性，幼稚園じほう，平成26年7月号，2014，pp.341-345
・岡健：子ども理解から指導を計画する，げんき，No.172，2019，2-11

第2章 乳幼児の発達と「環境」

📖 予習課題

　幼児期の生き物とのかかわりで，あなたはどんなことを覚えているだろうか。また，それは何が楽しかったり，嫌だったりしたのだろうか。

1．「心が動くこと」と乳幼児期の好奇心，探究心

　乳幼児だからといって，小さくて何もできないというわけではない。この時期ほど，周囲の環境に対して感度の高いアンテナを張って生きている時代もない。だからこそ，「環境」の項には，「周囲の様々な環境に好奇心や探究心をもって関わり，それらを生活に取り入れていこうとする力を養う」とある。乳幼児が周囲の環境に働きかけて得るものは確かに多いが，そのことが目的ではない。乳幼児自らの心が動き，好奇心，探究心をもって環境にかかわることが発達を促し，さらなる好奇心，探究心をかきたてる。

2．領域「環境」と子どもの育ちの実際

（1）思考力の芽生え

> **事例2-1**　モモコのお化粧　4歳児
>
> 　午睡起き，思い思いに遊んでいる時間。玄関先に3人の女児が腰を下ろし

た。真ん中の子がウサギを抱き，ほかの2人が両脇からなでる。時折，「モモコー」と愛しげに呼びかけていて，それがウサギの名前と分かる。真っ白なふかふかの毛のことを時折話題にして，とてもかわいがっている。そのうち，「モモコにお化粧をして，もっときれいにしてあげよう」ということになる。

　ウサギの顔が正面を向くよう，真ん中の子が自分の胸側にウサギの背が来るように抱え直す。ほかの2人が園庭から泥を運んできては，ウサギの顔に塗る。ウサギは嫌がって顔をあちこちに向けたり，腕から飛びでようとする。「だめ！　モモコ！　もうちょっとできれいになるから」と2人は両脇から泥を塗る。ウサギを抱えている子も必死で「あっ，早く来て！　モモコが逃げちゃう」などと泥を取りに行っている2人に助けを求める場面もあった。

　そこへ，「みんなー，お片付けだよー」と言いながら園長が通りかかった。3人の女児は悪びれるでもなく，「見て！　きれいでしょ」「私たちモモコにお化粧してあげてるの」と言い，モモコの顔を示す。園長は（ほんの少しビックリしたようにも見えたが），「ふーん。あなたたちー，モモコの目を見てごらん。この目がうれしそうな目に見える？」（子どもたちはきょとんとしたような感じだ）「私には，とっても悲しそうに見えるな」とだけ言い，あわただしく2階へ片付けを知らせに去っていった。女児たちは園長の言葉に，玄関を出た右脇の足洗い場に行き，ウサギにつけた泥（化粧）を落としだした。嫌がってじっとしていないウサギを3人がかりで押さえて泥を落とす。

　そこへ，園庭の少し先の農道に遊びに出かけていた未満児クラスの担任と子どもたちが帰ってきて，足洗い場で足を洗って中に入るべくやってきた。未満児クラスの担任は，偶然出くわしたこの様子にちょっと目を丸くして，「なんかねー，ウサギって水につけると弱って死んじゃうらしいよー。○○保育園のウサギは水に濡れて死んだって聞いたよ（実際にあった話のようである）」と言い，あわただしく未満児の足をマットのところで拭いてあげ，「さあーみんなー，おやつにしよー」と行ってしまう。

　女児たちは足洗い場から引き上げ，もう一度玄関へ戻る。2人がどこかから乾いた雑巾を持ってきて，「ごめんねモモコー。ごめんねー」と言いながら，嫌がるウサギの顔を拭いてやる。終わると，ウサギをしっかり抱いたまま園庭に出て，上を向いてキョロキョロしている。この時には，「何してるの」と少しけげんそうな声をかけながら入れ違いに中に入った女児が最後で，もう園庭には3人以外誰もいなくなっていた。ウサギを抱いてない子は身軽にあちこちにかけていって上を見て，「こっちこっち」と手招きする。この日は曇っていて太陽はほんの少し雲の合間から差していただけだった。そのほんの少しの光の一番よく当たるところを探して，ウサギを乾かそうと考えたらしかった。

事例2-1は，この女児たちが園で飼っている身近な飼育動物をいかにかわいがっているか，また，それゆえに化粧というウサギにとって迷惑な行為に，気付かないままにのめりこんでいく様子，気付いてからはかわいがっているがゆえに，すまなかった気持ちがあふれ，（死なないように）何とかしようと自分たちの思考をフル回転させている様子がよく分かる。

　この事例に登場する保育者たちは，もちろん女児たちのこの日の行動は予想していない。それぞれが少し時を違えてたまたま出くわしたウサギの悲惨な扱いを，とがめるでも注意するでもなく，ウサギの気持ち・扱い方に子ども自身が気付くような言葉をかけることになった。それぞれの保育者は，片付け→おやつ→降園へ向けていくこの時間帯は忙しく，午前中の遊びの中でやるような子どもの気付きにじっくり付き合い，体験を深めるような余裕はなかったように見受けられた。しかし，とっさのことで言葉は少ないものの，生き物（生命）を大切に扱うことや，相手（ウサギ）の身になって考えることの大事さは，女児たちの心に響いて彼女らの次の行動を左右していった。2人の保育者はこの事態を予測して示し合わせたわけではないが，（結果的には）絶妙な連携プレーで女児たちの中に，モモコを悲しませてしまった，モモコが死んだらどうしようという思いをかき立て，悲しみを味わわせたことを心からわび，それを態度に示し，死という最悪の事態を免れる方法を自分たちなりに考え，実行に移していった。

　2人の保育者は，その時どきのお互いのかかわりを知らない。結果として連携したにすぎない。だが，この絶妙な連携プレーが生まれる背景には，おそらくは，子どもが小動物を愛情をもって飼育するということは，場合によってはこういう酷い目にあわせることが十分ありうることであり，それを全く排除して本当に相手の思いや生命の尊厳に気付くことはできないこと，園で飼育動物を飼うことの意味の1つに，こういう体験をさせることの意味があるという捉えがあるのだろう。

　また，片付けておやつを食べる時間なのだが，彼女らに気付いた子が1人，「何しているの」と声をかけただけで，「片付けをしていないからいけない」というようなことを言う子も大人もおらず，どの時点でも3人はほ

かのことをそっちのけで,思う存分モモコにかまけていた。こうしたゆったりした時間や空間や周囲の人たちの意識のありようが保障されていたからこそ生まれた,ウサギとのかかわりだったと思う。

　こうした思考力は,ある年齢になると突然芽生えるわけではない。前方やや離れた位置にある紐に興味を示した0歳児が,何とかはっていこうとしたり,1歳児が,型はめのような玩具を一生懸命やっていたりする。言葉も,取り立てて活動的な行為もないので,なんということもなく見えるかもしれないが,こうした興味や好奇心をもって,確かめ,思考しながらやってみることが,その裾野になっていることを忘れるわけにはいかない。

(2) 好奇心,探究心をもつ

事例2-2　メスの方がオスより大きいなんて　4,5歳児混合クラス

　食事が終わった順に思い思いの遊びをしている時間。「あっ,すげぇ」。ある5歳男児が未満児クラスの部屋で,触覚のとても長い虫を見つけた。何人かの男児が,その声に集まってきた。からだは豆粒のように小さいが,触覚がその何倍もあることが話題になって,虫かごに入れながら「何という名前の虫だろう」ということになる。

　未満児クラスの手拭いを洗濯して干しながら,保育者が①「みんながだれも知らないのなら虫博士に聞いてごらんよ」と言うと,「そうだタッコに聞けば分かるかもしれない！」と,みんなで5歳児クラスに行き,虫のことなら何でも知っていることから虫博士と呼ばれるタッコを連れてきて,「ねえねえ,すごいでしょ。何ていう（名前の）虫？」と聞くが,タッコも知らないということで,一同,「なーんだ,タッコも知らないのか」と意気消沈する。

　虫騒動はそれで終わるかに見えたが,ちょうど,洗濯物を干し終えた保育者が,②「絵本の部屋に行って図鑑で探してみたら分かるかも」と言うと,「そうだ！」とみんなで走っていって昆虫図鑑を抱えて戻ってきた。タッコを中心にみんなが図鑑をのぞく。その中で5歳児のユウキは,図鑑から該当する虫を探し出すことには興味はなさそうだが,しきりに「見つけたらオレが読むから」「ねぇ,タッコ,オレに読ませて」と読む予約をしている。そのうち「あっ,これじゃない？」「あったー!!」の声。その時には,輪の周辺でウロウロしていたユウキは,「えっ,あったー？」と言うが早いか輪に戻って,カタカナで記された文字を1文字1文字指で押さえながらゆっくり,たどたどしく読んで

> いく。
> 　その後，図鑑にオスとメスが並んでいる絵を見てしみじみと「メスの方がオスよりでっかいなんてなぁ」と失望と納得のいかなさのにじんだ声で言う。タッコは「いいんだよ。オスがメスの上に乗って交尾するんだから。オスがでっかいとメスがつぶれちゃうだろ」と説明する。
> 　洗濯物をたたみながら保育者も「すごいねー。交尾なんて言葉をちゃんと知っているんだね。さすが虫博士」と言う。

　子どもはこうした生き物にとても興味をもつ。この時も，見たことがないほど触角の長い虫は，いっとき子どもの興味・関心をひきつけた。だが，保育者の言葉（下線①②）がなければ，その興味は，そのまましぼんでなくなってしまったことだろう。ここで未満児クラスの保育者が，用事をしながらさりげなくかけた言葉①②は，そのたびにしぼみかけた興味・関心を支え，知りえる方向へ気持ちをかき立てていく役割を果たしている。

　何という虫だろうと集まっていても，その興味・関心は必ずしも一様ではない。中には，友達とのかかわりやその場の雰囲気でやってきた子もいることだろう。ユウキは，この春，年子の兄が小学校へ入学した。これまで双子のようにいつも一緒だったが，兄は学校で文字を習ってきて見せびらかすらしく，その影響で，ひらがなやカタカナが少し読めるようになったところだ。虫そのものよりも，文字を読むことに気持ちが向いている。そして，そういう自分の思い・希望を言葉で友達に伝えて頼んでいる。

　また，オスがメスより小さいという事実は，それまでの自分の世界観を覆すような，釈然としない，ちょっとショックな出来事のようだった。その分，最初は薄かった虫への関心が増している。

　見たこともない虫の発見という身近な生き物への興味・関心は，保育者の手を借りながら，こういう時はあいつ（タッコ）という仲間への意識を呼び起こした。みんなで呼びにいくようなクラスのつながりができていることも感じる。虫発見の事態に対する興味はそれぞれに異なり，自分の思いを言葉に表して仲間に伝えたり，名前が見つかって心がおどったり，オスがメスより小さいことにがっかりしたり，その生物学的根拠を確認した

りする。保育の実際において，領域「環境」はこのように，「言葉」や「人間関係」「表現」「健康」などほかの領域とも深く絡み合っている。

（3）文字・数量の感覚を身に付ける

> **事例2-3** バッキューンバッキューン方式　5歳児クラス　2月
>
> 　「オーイ，ドッジしよー」と運動が得意なリーダー格のタイチが声をかけると，みんなが集まってくる。4歳児も混じって，結構人数は多い。タイチはホールにつくられた枠の中央線のあたりにいて，そこに集まってきた仲間に「ならべー」と言う。持っていたボールでバッキューンと1人を右側へ押しやると，次の子を同様に左へ押しやる，ということを繰り返し，最後に両チームを見て少ない方に自分が入る。ちょうど8対8でドッジボールが始まった。

　担任は，子どもから生まれたこういう人数の等分の仕方を"バッキューンバッキューン方式"と呼んでいる。

　昨年度，4，5歳児混合クラスでドッジボールの輪に交じっていたせいか，進級時の4月から「ドッジしよう」と声をかけ合って楽しむ姿が見られた。二手に分かれてボールを投げ合い，とり損ねたら外へ出るということはなんとか理解している様子だが，人数をそろえて始めないと勝敗がつかないことには頓着していなかった。そのうち，人数分けに気付くと，5歳児クラスは10人なので数えられる範疇の時は1，2，3と数えていたが，参加者が増えてきてこうやって分けることを思いついた。少ない時も"バッキューンバッキューン方式"ですることもある。人数が増えても分かる。よく考えたものである。

> **事例2-4** くらべっこ　3歳児クラス　8月
>
> 　給食が配られるのをテーブルで待ちながら，最初に取り出した箸を隣の子同士テーブルに立て「一緒だね」と比べてはしゃぐ。箸の長さには規格があるのだろう，もう片側の隣や前の子など，だれと比べても「一緒だね」と首を傾げて確認し合って楽しんでいたが，そのうち，こうしたらどうだろうと2本を縦に1本ずつ伸ばして比べたり，「こうしたらどうなるかな」と2本で山（三角）をつくるようにしたりする（写真2-1）。

写真2-1　お箸のくらべっこ

　生活の中のちょっとしたことに，子どもは様々な発見をする。それが初めてではなくても，自らの気付きやまねることで仲間とつながる気持ちや，繰り返す楽しさを何度も味わう。そこからまた新たな発見や試みを見つけ出す。子どもは，このように自らの必要感や関心に基づいて数量（の感覚）を獲得する。子どもの遊びや生活の中にこうした機会は多くある。

　縄跳びのその場跳びが何回できるか自己挑戦しながら，その最高記録を塗りかえるたびに，保育者から手の甲にその数字を書いてもらい，それが塗りかえられていくのを楽しむ時は，お風呂に入って消えないようにあまり洗わないという子もいる。大縄跳びで『郵便やさんの落とし物』を何枚拾えるか，みんなで注目しながら数え，数が大きくなるたびに期待と感嘆の思いが満ちてくる。その分，引っかかった時の無念と，次こそは，の思いも高まる。長い針と短い針が上で一緒（12時）になったら給食・弁当だとか，長い針と短い針がまっすぐ（6時）になったらお母さんが迎えに来ると，朝から待ちこがれている新入所児の4月の姿もある。こうした時期を十分に過ごすことが，やがてもっと抽象的な数操作を可能にする土台になる。

事例2-5　大好きな先生へ　5歳児　春

　4歳児の時の担任じゅんこ先生が転勤した。「じゅんこ先生，どうしてるかなー」とヒロミ。私が，「明日会うから，お手紙書けば届けてあげるよ」「お手紙ってどういうのか知ってる？　ほら，こうして切手も貼って」と，たまたま持っていた手紙と切手を見せた。「書きたい！」と子どもたち。「字書けるの？」と言う子ども，「書けるよ！」と言う子ども，「絵だっていいんだよ」「私，『じゅんこ先生へ』って書く」と言う子も出て，書きだす。「じゅんこ先生の『じ

ゅ』ってどう書くの？」と初っ端からなかなか難しい。いつも，何ということなく貼られているようにしか見えなかった「あいうえお表」のところへ机を移動し，『『し』に点々とちっちゃい『ゅ』。『ゅ』はこれだけど難しいねー」と表を指しながら言うと，「書ける！」と真剣に表を見る。何度か練習して，緊張して「じゅ」を書く。担任が来て，「年長さんになったら，急にお勉強の保育所になったねー」と笑う。

　書けない文字を大人に手伝ってもらい，書ける「ん」や「こ」や「へ」を誇らしげに書いて，「じゅんこせんせいへ」ができあがると，それだけで充実感があるようだ。しかし，その後の白い部分をどうしようかという声も聞かれる中，「お元気ですかって書くんだよ」「『僕も元気です』って書く」という声も出て，「じゅんこせんせいへ　おげんきですか」で始まり，好きな絵をかいて，「〜（自分の名前）より」という手紙を預かった。

　子どもたちは自分の名前は読めるが，書ける程度はまちまちであったが，大好きなかつての担任に手紙を書く意欲を見せた。切手や封筒という普段の幼児の生活になじみのないアイテムも，書く気持ちをかきたてたのだと思う。

　とかく数量や文字というと，安易に小学校以上の教科的発想を持ち込み，その獲得数の多さを誇るような傾向が，園経営者にも保護者にもあって，乳幼児期にこうした素地を飛ばしてしまう傾向があるのは，残念である。「数量や文字などに関しては，日常生活の中で幼児自身の必要感に基づく体験を大切にし，数量や文字などに関する興味や関心，感覚が養われるようにすること」（幼稚園教育要領第2章「環境」3(5)）の実現が望まれる。

 まとめの課題

1. もしあなたが保育者で，事例2−3の下線①②の場面に出くわしたら，どのようにかかわるだろうか。話し合ってみよう。
2. ドッジボールの人数分けで事例2−4のように，時間をかけて自分たちで気付いていく人数分けと，保育者がルールを教えて始める仕方とで，それぞれ何が育つか考えてみよう。

第3章 領域「環境」のねらいと内容及び評価

📖 予習課題

1. 領域「環境」の内容の項目を見て，自分の幼児の頃の遊びがどの項目に当たるか考えてみよう。
2. 幼稚園教育要領を参考に，幼児教育において育てたい資質・能力とは何かを調べてみよう。

1. 領域「環境」のねらいと内容

　保育における「環境」とは，子どもを取り巻く自然あるいは遊具や素材などの物，人々の生活などの事柄のすべてとのかかわりを指す。これらの環境に子どもが興味をもってかかわりながら，環境を自分たちの遊びや生活に取り入れていこうとすることを通して，子どもたちは発達していく。

　心理学者のピアジェ（Piaget, J）は，子どもを環境とかかわりながら自らの知識を構築していく存在と捉え，環境とかかわる子どもの能動性を重要視した。

（1）領域「環境」のねらい

　次に，「環境」のねらいはどのようなものであるかを見ていく。幼稚園教育要領第2章では，領域「環境」のねらいを次のように記している。

〔周囲の様々な環境に好奇心や探究心をもって関わり，それらを生活に取り

入れていこうとする力を養う。〕
1　ねらい
(1) 身近な環境に親しみ，自然と触れ合う中で様々な事象に興味や関心をもつ。
(2) 身近な環境に自分から関わり，発見を楽しんだり，考えたりし，それを生活に取り入れようとする。
(3) 身近な事象を見たり，考えたり，扱ったりする中で，物の性質や数量，文字などに対する感覚を豊かにする。

　ここでのキーワードは「身近」である。
　特に，乳幼児期，子どもは自分が手を出せば届く範囲の環境にかかわり，いろいろと試行錯誤する，直接的な体験から多くのことを学び取るからである。くわえて，アメリカの心理学者ブロンフェンブレンナー(Bronfenbrenner, U) は，人間の発達は，環境との相互作用により生活環境を漸進的に取り込み，再構成しながら生態学的に成長していくのであると位置付けた。つまり，子どもと家族，幼児教育施設と家庭，社会と文化などの関連の中で，子どもは次第に世界を広げ，発達していくと考えたのである。言い換えれば，身近な環境から，地域社会，文化へと世界を広げる，環境の入れ子構造によって，子どもはかかわりを広げ，成長していくと言えよう（図3-1）。その意味で，本やテレビなどの間接経験からではなく，身近な環境や直接体験から広げていくことが大切なのである。

(2) 領域「環境」の内容

　では，そのためにどのような出会いが必要か，次の内容に示されているものを見ていこう。内容としては12の項目が示されている。

(1) 自然に触れて生活し，その大きさ，美しさ，不思議さなどに気付く。

　レイチェル・カーソン（Carson, R）は，「センス・オブ・ワンダー」ということを大切にした（第4章，p.38参照）。幼児が自然に触れて，全身でそれを感じ取ること，理屈抜きにその自然に浸ることが重要である。幼児

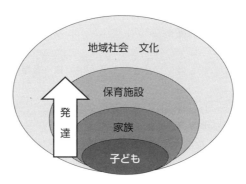

図3-1　子どもが環境とかかわりながら発達するイメージ図

の心を動かす体験が自然に対する畏敬の念を育てるとともに，幼児の不思議に思う気持ちが，科学する芽生えを育んでいく。保育者は子どもが自然に浸る機会をつくるとともに，子どもの言葉やそのつぶやきに耳を傾ける必要がある。そこから，保育が広がっていくのであるから。

> (2)　生活の中で，様々な物に触れ，その性質や仕組みに興味や関心をもつ。

コリントゲームのような球を転がす遊びの中で，幼児はどのように球を落としていくとよいコースができあがるのか，試行錯誤しながら学んでいく。どういう勾配が必要か，あるいはカーブの角度はなど，その仕組みを夢中で考える。自分たちがつくったコースを，球がうまく転がって落ちた時の達成感は何物にも代えがたい。だから，何度も何度も挑戦するのだ。その熱中の最中，子どもは，物のその背後にある仕組みや性質に気付いていくのである。

> (3)　季節により自然や人間の生活に変化のあることに気付く。

子どもも大人同様に，自然の変化を感じている。しかし，その変化をそのままにしているだけでは意識化されない。それを言葉に出して共感する時，その変化への気付きは意識化される。例えば，紅葉した落ち葉を「きれいね」と共感する，また，落ち葉に触れて，その感触など，あるいは乾いた音を五感で味わうことが大切である。子どもは体感を通して，季節の

変化を皮膚感覚として意識していく。また，地域の収穫を祝う祭りに参加することで，実りに感謝する人々の営みを知ることができる。さらに，自分たちもその祭りを園で再現することで，そのことは強化されていく。

> (4) 自然などの身近な事象に関心をもち，取り入れて遊ぶ。

わが国は，四季の変化がはっきりしている国である。その自然の変化をながめるだけでなく，体感したり，遊びに取り入れることが重要である。風の強い日，木々が揺れることで風の強さを感じることができる。同時に，保育者が園庭の風の通り道にスズランテープを渡すことで，目に見えにくい風は，スズランテープを揺らす音でも感じることができるようになる。また，保育者が，子どもと一緒につくった吹き流しを持つことで，それを持って走り回りながら，風を感じ，風と一体になる体験をする。このように，身近な自然現象に関心をもつことが大切である。子どもが遊びの中に取り入れられるような環境を保育者がつくりだす，用意することが重要なことは言うまでもない。

> (5) 身近な動植物に親しみをもって接し，生命の尊さに気付き，いたわったり，大切にしたりする。

保育室内外で動植物を世話する体験はとても重要である。

ある園で，イチゴを苗ではなく種から育てた。はじめは，その種はイチゴに付いているものぐらいの意識であったが，ゴマ粒みたいな種からイチゴを育てて，それが実になった時，子どもはそのゴマ粒みたいな小さなものに大きな命が宿っていることを実感した。小さな種から，発芽し，花を咲かせ，実を結び，また，種を宿すという命の循環を体験したのである。その体験以来，子どもは，種という種を大事にしたということである。なぜなら，そこには命が宿っていることを実感していたからである。

> (6) 日常生活の中で，我が国や地域社会における様々な文化や伝統に親しむ。

子どもは，園の中だけで育つのではない。園から広がり，地域社会や文

化に触れる中で，自分たちの世界を拡張していくのである。子どもは地域を探検することで，様々な人，物，文化があることに気付く。そのことを取り入れ，再現して，お店屋さんごっこの遊びを始める。また，日ごろ，色水遊びをしていた子どもたちが，ずっとそれを置いておくと臭いにおいがし，香水のようにならないことに気付く。そこで，保育者と一緒に，園外の化粧品を売っている店に出かけ，どのようにしたら，香りのいいものができるのか探究が始まる。このようなかかわりの拡張が，子どもの体験を豊かなものにする。

> (7) 身近な物を大切にする。

　幼児は様々な空き箱や容器などの廃材を利用して，自分のイメージする乗り物や家などを工夫してつくる。その製作したものを保育者も大切にし，それを保育室に展示し，子どもたちのそれぞれの工夫を紹介することで，さらに物を大切にしようとする心が芽生える。
　また，普段，なにげなく使用している水道や電気等にも，子どもたちとともに目を向けることで，持続可能な開発のための教育（ESD：Education for Sustainable Development）への関心が幼児なりに育まれる。

> (8) 身近な物や遊具に興味をもって関わり，自分なりに比べたり，関連付けたりしながら考えたり，試したりして工夫して遊ぶ。

　ある園で，薄い板の積み木を重ねることで自分たちの背丈よりも高い塔が構築できることに気が付いた。子どもが3人ぐらい入るスペースで小片を重ねて組み立てていくにはどうしたらよいか，子どもたちは相談しながら，毎日少しずつ組み立て，積み上げては直し，崩れては別の構成を相談し，どのようにしたら強度が強く頑丈な塔ができるか挑戦していく。その中で，どのようにバランスをとるのか，物を積み上げていくのか，その仕組みを体験的に学んでいくのである。

> (9) 日常生活の中で数量や図形などに関心をもつ。

例えば，秋，自分たちが育てたサツマイモの収穫をする。その時，そのサツマイモをそれぞれが掘り出してもって帰るだけではなく，どのサツマイモが大きいか長さ比べをしたり，重さ比べをしたり，また，みんなでいくつ収穫できたかなど数を数えることを，生活の中で必要感をもって取り組むことができる。また，子どもたちが実りつつあるキュウリを見て，次のような会話をしていた。「オレのキュウリはしの字の形だ」とある子がつぶやいた。そのキュウリは下がまっすぐではなく，先端が上に曲がっていたからである。するとほかの子どもが，なぜ，友達のキュウリはしの字なのかを話し合った。きっと，友達のキュウリは下の地面に付きそうだから，上に育つよう方向を変えたのだと。このように形に注目することで，その理由を考えるようにもなる。探究の芽生えがある。

⑽　日常生活の中で簡単な標識や文字などに関心をもつ。

　保育室や園の中には，様々な標識，文字が存在する。それがどのような意味をもつのか，子どもたちとともに出会うことが大切である。自分たちのクラスやほかの部屋を表す標識，また，地域にある標識などは，探検をすることで気付いていく。あるいは，園内にある樹木に標識を付ける活動をしながら，その樹木の種類を見分けていくことにもなる。
　また，子どもがお店屋さんごっこをする中で，自分たちの店を表す看板を文字や絵で表したり，メニューをつくる活動の中で必要に応じて文字に触れていくなど，幼児の興味・関心や発達に沿った援助をしていくことが必要であろう。

⑾　生活に関係の深い情報や施設などに興味や関心をもつ。

　ある園で，子どもたちが自分たちで植物の苗を買って育てようということになった。そこで，この時期に，どんな苗を買って育てるのがよいか保育者と相談したところ，図鑑で調べる，家の人に聞いてくる，園長先生に尋ねるなど，様々な意見が出たが，ある子が園の近所にある農協でいろいろな苗や植物を売っていること，親がそこの人と相談をして，ベランダ栽

培をし，うまくいっていることを話すと，子どもたちの意見が一致し，近所の農協を訪ねて，苗を購入しようということになった。さらに，適切な苗の育て方についても聞いてこようということになった。今まで，近所に存在はしているが，子どもたちとはつながりがなかった施設が，苗の購入，栽培を通して，子どもが活用する重要な社会的資源ともなった。それは逆に，農協で働く人にとっても，幼児とかかわるよい体験，関係性，コミュニティを広げる貴重な機会となっている。

> (12) 幼稚園内外の行事において国旗に親しむ。

運動会の時期，子どもたちは様々な旗があることに気付く。ある子は旗に関心をもち，自分でオリジナルの旗をつくった。ほかの子も同様に，旗をマジックでかくもの，折り紙等でつくるものがいた。その中に，小学生の兄の影響で，漢字が書ける子がいた。その子が知っている「一」や「十」などの漢字を組み合わせて，中国の国旗をつくった。彼にとっては，中国は漢字の国だからである。しかし，ほかの子どもから，本当の中国の国旗は違うとの意見が出て，子どもたちは保育者と一緒にいろいろな国の国旗を調べた。その後，漢字で中国の国旗を考えた子は，国旗は単に色や形のデザインではなく，そこに人々の思いがあることに気付いた。このようなことから，国際理解を育むことも大切である。

2．内容の取扱いについて

内容の取扱いとは，保育者がどのようにその内容を，保育として展開していくかについて述べたものである。また，その指導にあたって留意すべき事柄について言及しているものである。領域「環境」では5つある。

> (1) 幼児が，遊びの中で周囲の環境と関わり，次第に周囲の世界に好奇心を抱き，その意味や操作の仕方に関心をもち，物事の法則性に気付き，自分なりに考えることができるようになる過程を大切にすること。また，他の

幼児の考えなどに触れて新しい考えを生み出す喜びや楽しさを味わい、自分の考えをよりよいものにしようとする気持ちが育つようにすること。
(2) 幼児期において自然のもつ意味は大きく、自然の大きさ、美しさ、不思議さなどに直接触れる体験を通して、幼児の心が安らぎ、豊かな感情、好奇心、思考力、表現力の基礎が培われることを踏まえ、幼児が自然との関わりを深めることができるよう工夫すること。
(3) 身近な事象や動植物に対する感動を伝え合い、共感し合うことなどを通して自分から関わろうとする意欲を育てるとともに、様々な関わり方を通してそれらに対する親しみや畏敬の念、生命を大切にする気持ち、公共心、探究心などが養われるようにすること。
(4) 文化や伝統に親しむ際には、正月や節句など我が国の伝統的な行事、国歌、唱歌、わらべうたや我が国の伝統的な遊びに親しんだり、異なる文化に触れる活動に親しんだりすることを通じて、社会とのつながりの意識や国際理解の意識の芽生えなどが養われるようにすること。
(5) 数量や文字などに関しては、日常生活の中で幼児自身の必要感に基づく体験を大切にし、数量や文字などに関する興味や関心、感覚が養われるようにすること。

　ここでは以上の5つのことが示されているが、これらが示していることを端的にまとめると、子どもの必要感に応じて、機会を捉え、保育を展開・援助をすることが肝要であると言える。したがって、子どもの遊びや活動が深まるように、一人一人の子どもの興味や関心を生かしたり、子どもが一人だけでなく、他児とともに深められるよう、関係性を深める場や環境をつくることが重要である。また、子どもの興味や関心、探究に応じ、環境の再構成をすることも不可欠と言えよう。
　一つひとつ解説を加えると内容と重複するところもあるので、ここでは「ドライフルーツづくりからの探究」の事例をもとに解説をくわえる。

事例3-1　　ドライフルーツづくりからの探究　　4歳児

　春、子どもたちが近くの公園へ出かけ、草花を摘んで楽しんでいた。きれいな花びらは子どもの心を魅了する。摘んだ花びらをビニールに入れて持ち帰っ

た。さらに，花を生かすため，空き容器に水を入れ，浮かべて残しておいた。数日すると，その入れ物から臭いにおいがしてきた。そこで，保育者は花を容器に入れた「ハーバリウム（植物標本）」をつくることを提案した。子どもたちはペットボトルに思い思いの花を入れ，オイルを入れて自分なりのハーバリウムをつくり，窓辺に飾ってその花々の美しさを楽しんだ。しかし，これも数日すると，臭いにおいがすることが分かった。そこで，どのようにしたらよいか，それを売っている花屋さんに聞きに行こうということになった。園の近くの花屋さんで，ハーバリウムのつくり方を聞くと，ドライフラワーにすることが分かった。その後，子どもたちはドライフラワーだけでなく，ドライフルーツづくりにも興味をもった。

　子どもたちがドライフルーツに熱中している時，ある子が家からメロンを持ってきた。そして，それもドライフルーツにしようということになった。しかし，ドライフルーツにして食べてみると，おいしくない。ある男の子が「これ，カボチャの味がする」と叫んだ。子どもたちからそんなはずはないとの意見から，図鑑でメロンとカボチャのページを見比べてみた。すると，ある子がどちらにも同じ言葉が書いてあることに気付いた。保育者がそれを読むと「ウリ科」という表記であった。その後，別の子が図鑑を見ているうちに，スイカもウリ科であることを発見した。そこで，保育者と一緒に近所の農家を訪れ，ウリ科の植物を見た。また，農家では天日干しにする専用の網があることを教えてもらった。

　子どもたちは，ドライフルーツづくりにこの天日干しの網が必要だということで，園長先生に相談し，その網を買うことを交渉し，許可を得て，保育者と一緒に商店街に買いに行った。

　それから数日すると，ある子がブルーベリーを持ってきて，ドライフルーツにしようと提案した。子どもたちは大喜びであった。ドライフルーツにする前に味見ということで，子どもたちがブルーベリーを食べたら，あまりのおいしさに全部食べて，ドライフルーツ用のものがなくなってしまった。するとある子が，この前ウリ科の時に畑を見に行ったように，ブルーベリーがなっているところを見に行きたいということを言いだした。その子どもの声に，保育者も園長先生も耳を傾け，電車に乗って，隣町にあるブルーベリー農家へ出かけることになった。

　少し離れたブルーベリー農家に着くと，おじさんが子どもたちがうまく収穫できるよう，一人一人にパックを渡してくれた。子どもたちがブルーベリーを収穫すると，自分が収穫したものが測れるよう，農家の人が計測器を用意していた。すると，子どもたちの関心は自分の収穫したものが100ｇになるように，パックに詰めることに熱中した。100ｇという重さをブルーベリーの収穫

> を通して実感するようになったのだ。
> 　園に帰ってきて，さっそく，収穫したブルーベリーを天日干しにし，測ってみると21ｇになることが分かった。子どもたちはこんなおいしいブルーベリーのドライフルーツができたのも，生産者の農家のおじさんのおかげと感謝し，その思いを伝えるために，自分たちがつくったブルーベリーのドライフルーツをラッピングし，手紙を書いて，生産者のおじさんに直接届けに行った。

　この事例からも分かるように，はじめに活動ありきではなく，子どもの好奇心を生かし，子どもの興味や関心，不思議や疑問に保育者が耳を傾けることが，子どもの学びの芽生えを育む上で重要である。また，図鑑のみで子どもの体験を関連付けていくだけでなく，再び自然に触れる，ここでは畑や農家を訪れるという直接体験と間接体験を行きつ戻りつする往還をつくりだす，組織することが，保育者の役割である。さらに，ここでは園の中だけでなく，地域に出ることにより子どもの経験が様々なことに広がり，豊かになっていくのである。ここでの豊かさとは，子どもの探究による探究が次の活動を生み，知識を広げるだけでなく，植物，命に対する畏敬の念や生産者に対する感謝の念への深まりをもたらした。つまり，子どもの不思議が，彼らを深い学びへと導いたのである。このような探究の旅を，保育者が子どもとともにつくりだす，探究していくということが重要であろう。このような意味で保育者は知識の伝授者ではなく，共に探究する，研究者でなければならない。

3．資質・能力及び10の姿

　2017（平成29）年改訂の幼稚園教育要領では，幼児教育において育てたい資質・能力及び「幼児期の終わりまでに育ってほしい姿（10の姿）」が新たに示された。
　この幼児教育において育みたい資質・能力とは，「知識及び技能の基礎」「思考力，判断力，表現力等の基礎」「学びに向かう力，人間性等」の３つを指す。これらは幼児教育だけで育つものではなく，幼児期から高等教育

までを通じて一貫して育むものであり，生きる力の基礎を育むものである。この意味でこの改訂により，幼児期から高等教育までの教育の連続性の道筋が明確になり，一貫性をもったと言えよう。

　ではなぜ，このような資質・能力が必要になってきたのか。子どもたちを取り巻く社会はますますグローバル化，複雑化，不透明化し，問題解決のための正解があるわけではない。これからは一人一人の子どもが自分たちの地域，また，自分たちが住む地球をよりよくするために，知恵を絞り，協力しながら問題を解決し，主体的に行動していかなければならない。もちろん，このような資質・能力は一朝一夕に育つものではなく，幼児期からの教育の積み重ねを必要とする。

　この育みたい資質・能力を幼稚園教育要領第1章第2では，次のように表記している。

1　幼稚園においては，生きる力の基礎を育むため，この章の第1に示す幼稚園教育の基本を踏まえ，次に掲げる資質・能力を一体的に育むよう努めるものとする。
　(1)　豊かな体験を通じて，感じたり，気付いたり，分かったり，できるようになったりする「知識及び技能の基礎」
　(2)　気付いたことや，できるようになったことなどを使い，考えたり，試したり，工夫したり，表現したりする「思考力，判断力，表現力等の基礎」
　(3)　心情，意欲，態度が育つ中で，よりよい生活を営もうとする「学びに向かう力，人間性等」
2　1に示す資質・能力は，第2章に示すねらい及び内容に基づく活動全体によって育むものである。

　特に，ここでの資質・能力は小学校以上のものとは違い，子どもの発達に合わせ，「～の基礎」という文言が付いている。つまり，「知識及び技能の基礎」とは，単に知識・技能を機械的に身に付けるというのではなく，豊かな体験を通じて，幼児自らが感じたり，気付いたり，分かったり，できるようになったりすることが重要であることを意味している。「思考力，

判断力，表現力等の基礎」とは，気付いたことや，できるようになったことなどを使い，考えたり，試したり，工夫したり，表現したりすることであり，言い換えれば，子どもたちが試行錯誤し，挑戦し，探究することである。「学びへ向かう力，人間性等」とは，心情，意欲，態度が育つ中で，よりよい生活を営もうとする具体的な行為，行動を重視するものである。

　さらに，これらの資質・能力は，それぞれバラバラに育成したり，個別に取り出して指導するのではなく，遊びを通した総合的な指導の中で一体的に育むように努めることが重要である。したがって，これらの資質・能力を育てるには，幼稚園教育要領第2章に示すねらい及び内容に基づきながら，幼児の興味や関心を踏まえ，保育者が子どもとともに保育活動を展開していくことが肝要であることは言うまでもない。

　一方，これらの資質・能力は，小学校以上では教科横断的に育むものであるが，幼稚園教育には教科はない。そこで，これらの資質・能力の具体的な表れの姿を，5歳児後半に見られる姿として示したものが「幼児期の終わりまでに育ってほしい姿」である。これらは10の項目からなる。ゆえに，幼児期の終わりまでに育ってほしい姿は「10の姿」とも呼ばれる（図3-2）。それを以下に列記する。

---

(1) 健康な心と体　　　　　(7) 自然との関わり・生命尊重
(2) 自立心　　　　　　　　(8) 数量や図形，標識や文字など
(3) 協同性　　　　　　　　　　 への関心・感覚
(4) 道徳性・規範意識の芽生え　(9) 言葉による伝え合い
(5) 社会生活との関わり　　(10) 豊かな感性と表現
(6) 思考力の芽生え

　これらの姿は，幼稚園教育要領の5領域から出てきたものである。また，幼児期の終わりまでに育ってほしい姿は，5歳児の終わりまでに育てなければならない到達度目標ではなく，方向性の目標であり，これも，個別的に取り出して育てるものではなく，子どもの遊びや活動，生活の中に現れるものである。また，保育者が自分たちの保育を振り返るための指標

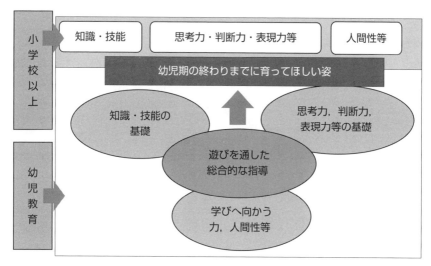

図3-2 育みたい資質・能力と10の姿の関係

でもある。

特に，領域「環境」とのかかわりでは，次の3つが関係してくる。

---

(6) 思考力の芽生え

　身近な事象に積極的に関わる中で，物の性質や仕組みなどを感じ取ったり，気付いたりし，考えたり，予想したり，工夫したりするなど，多様な関わりを楽しむようになる。また，友達の様々な考えに触れる中で，自分と異なる考えがあることに気付き，自ら判断したり，考え直したりするなど，新しい考えを生み出す喜びを味わいながら，自分の考えをよりよいものにするようになる。

(7) 自然との関わり・生命尊重

　自然に触れて感動する体験を通して，自然の変化などを感じ取り，好奇心や探究心をもって考え言葉などで表現しながら，身近な事象への関心が高まるとともに，自然への愛情や畏敬の念をもつようになる。また，身近な動植物に心を動かされる中で，生命の不思議さや尊さに気付き，身近な動植物への接し方を考え，命あるものとしていたわり，大切にする気持ちをもって関わるようになる。

(8) 数量や図形，標識や文字などへの関心・感覚

> 遊びや生活の中で、数量や図形、標識や文字などに親しむ体験を重ねたり、標識や文字の役割に気付いたりし、自らの必要感に基づきこれらを活用し、興味や関心、感覚をもつようになる。

4. 幼稚園教育における評価の考え方

　幼稚園教育における評価の考え方は、前節の「幼児期の終わりまでに育ってほしい姿」とかかわりがある。評価の考え方について、幼稚園教育要領では次のように書かれている。

> 1　教育課程の役割
> （前略）また、各幼稚園においては、6に示す全体的な計画にも留意しながら、「幼児期の終わりまでに育ってほしい姿」を踏まえ教育課程を編成すること、教育課程の実施状況を評価してその改善を図っていくこと、教育課程の実施に必要な人的又は物的な体制を確保するとともにその改善を図っていくことなどを通して、教育課程に基づき組織的かつ計画的に各幼稚園の教育活動の質の向上を図っていくこと（以下「カリキュラム・マネジメント」という。）に努めるものとする。〔第1章第3〕

> 2　指導計画の作成上の基本事項
> （前略）その際、幼児の実態及び幼児を取り巻く状況の変化などに即して指導の過程について評価を適切に行い、常に指導計画の改善を図るものとする。〔第1章第4〕

　ここで言われている評価とは、教育課程や指導計画を改善するために必要な評価である。言い換えれば、保育者の指導の改善のために、評価を行うことの必要性を説いている。
　幼稚園教育要領解説第2章第3節環境の構成と保育の展開3留意事項(2)保育の展開における教師の役割と関連させると、次のような具体的援助のあり方が列挙されている。

> - 幼児の発達を見通し，具体的なねらいと内容を設定すること
> - 幼児が発達に必要な経験が積み重ねられるような具体的な環境を考えること
> - 環境と関わって生み出された幼児の活動に沿って幼児の発達を理解すること
> - 一人一人の幼児にとっての活動のもつ意味を捉え，発達に必要な経験を積み重ねていくことができるように援助していくこと

　上記のことと「幼児期の終わりまでに育ってほしい姿」の環境のねらいと具体的保育の評価を考えていくと，次のようになる。例えば，年長児の秋11月の保育内容として，自分たちで栽培して収穫したサツマイモを調理する活動がある。子どもたちは事前にふかしたサツマイモを使い，それをグループの人数分，等分に分けられたサツマイモを布巾でだんご状にし，茶巾絞りのサツマイモをつくる。このような活動は一見，先生の的確な説明を子どもたちが聞き，スムーズに行われているように見える。しかし，ひるがえって考えてみると，本当にこれが子どもの発達にとって必要な保育であろうか。そのような保育者自身の保育の問い直し，また，評価を行わないと，保育者の援助あるいは指導は毎年同じことの繰り返しになり，活動を子どもたちに当てはめていくことでしかなくなってしまう。つまり，分量を分ける時も，問題がないように保育者が等分に分けてしまうのではなく，子どもたちが話し合って等分に分けること，その試行錯誤のプロセスの中に，思考力の芽生えや数量への関心を育てる機会があり，生活の中で育むことになる保育の題材がある。特に，「幼児期の終わりまでに育ってほしい姿」の「(8)　数量や図形，標識や文字などへの関心・感覚」に照らしてみると，サツマイモの調理活動という中で，子どもが自らの必要感に基づきこれらを活用し，興味や関心，感覚をもつようになることが，とりわけ，自らの必要感に基づきという文言が重要だからである。そのような保育活動を計画し，自ら評価するかどうかが問われているのである。

　さらに，幼稚園教育要領第1章第4では，幼児理解に基づいた評価につ

いても言及している。

> 4　幼児理解に基づいた評価の実施
> 　幼児一人一人の発達の理解に基づいた評価の実施に当たっては，次の事項に配慮するものとする。
> (1)　指導の過程を振り返りながら幼児の理解を進め，幼児一人一人のよさや可能性などを把握し，指導の改善に生かすようにすること。その際，他の幼児との比較や一定の基準に対する達成度についての評定によって捉えるものではないことに留意すること。
> (2)　評価の妥当性や信頼性が高められるよう創意工夫を行い，組織的かつ計画的な取組を推進するとともに，次年度又は小学校等にその内容が適切に引き継がれるようにすること。

　特にここでは，一人一人の幼児がそのよさを発揮しつつ育っていく過程を，日々の記録やエピソード，写真等を用いたポートフォリオによって意味付け，評価し，多面的にその子どものよさを捉えるとともに，保護者へも発信し，育ちを共有することが大切である。さらに，写真等可視化された媒体を用いると，幼児も自分のよさを自分で見，自覚し，改めて自分の姿に気付き自信をもち，学びの主体，学び手意識を醸成することにもなる。

まとめの課題

1．環境の内容の中で，自分が大事だと思うものを事例をあげて，友達と話し合ってみよう。
2．幼児期の終わりまでに育ってほしい姿について，自分が子どもの時の遊びと結び付け，説明してみよう。

参考文献
・文部科学省：幼稚園教育要領，フレーベル館，2017
・文部科学省：幼稚園教育要領解説，フレーベル館，2018
・ブロンフェンブレンナー：人間発達の生態学，川島書店，1996

第4章 身近な生き物や植物に親しみをもってかかわるということ

📖 予習課題

1. 子どもが親しみをもってかかわれる身近な生き物や植物には，どのような種類があるか考えてみよう。
2. 生命の営みや不思議さを体験するために，生き物の飼育や植物の栽培の際，場所や方法にどのような工夫ができるか考えてみよう。
3. 子どもに生命の大切さを伝えるために，保育者が大切にしたいことは何か話し合ってみよう。

1. 身近な生き物や植物

(1) 子どもにとって身近さとは

　動物園で象やライオンを観察することと幼稚園でウサギを飼うことは，同じ「生き物に親しむ」行為であっても，その目的と体験から得られることは大きく異なる。

　領域「環境」の内容に示されるのは「(5) 身近な動植物に親しみをもって接し，生命の尊さに気付き，いたわったり，大切にしたりする」視点である。子どもが，生きているものへの温かな感情を芽生えさせたり，愛おしく思ったり，生命を大切にしようとした

写真4-1

りするためには，生き物が日常生活の中に「身近に」存在することが重要になってくる。自分たちと同じように，食べたり，排泄したり，眠ったり，遊んだりして生きている小さな生き物に毎日身近に接することによって，子どもは，自分と生き物を相対的に捉えて，「同じだね」「違うね」などと，生命の不思議さを主体的に学ぶことになるのである（写真4-1）。

（2）箱の中の小さな自然

　子どもたちが触れ合う「身近な生き物や植物」は，大きく分けて2種類ある。1つ目は，アリやダンゴムシ，野の草花など自然に生育するもの。2つ目は，ケージや小屋で飼う小動物，水槽で飼うカブトムシやメダカ，畑やプランターで育てる花や野菜など，人が世話をして飼育・栽培するものである。

　園の中や周囲に豊かな自然環境があり，様々な生き物や植物が生育していたとしても，それを体験できる機会を設けなければ身近にはならない。一方都市部にある園では，生き物や植物が自然に生育する環境が限られてくる。バッタやカエルが身近な生き物ではなくなっている園も多い。そのため，保育者が意図的に身近な生き物や植物に触れる機会や場を園内に設けたり，園外のフィールドに出かけたりすることが重要になってくる。

　また，飼育・栽培する際は，すべてを保育者が決めてしまわずに，どのような生き物や植物を育てるかを，子どもたちと一緒に話し合って決めるところから始めてみることもできるだろう。

　飼育箱や水槽など保育室や廊下などの共有スペースに置ける小さなものから，プランターや植木鉢，畑やビオトープ（生き物が生命を循環させる人工的につくった場所）まで，生き物や植物に接する機会や場は様々である。機会や場は，保育者が設置するだけでなく，子どもや保護者と一緒につくる大きなプロジェクトも考えられる（写真4-2）。

写真4-2

（3）センス・オブ・ワンダーを磨く

　このように，生き物や植物を子どもたちの「身近」な存在とするのは，園の環境と保育者自身の意図性である。保育者自身が生き物が苦手，虫が嫌いなら，小さな植木鉢で植物を育ててみよう。あるいは，園庭にやってくる鳥たちの鳴き声に耳をすまそう。生き物への興味・関心は，子どものそばにいる大人の振る舞いによって少なからず左右されることを，心にとどめておきたい。

　子どもが身近な生き物や植物に直接接することは，思いやりやいつくしみの心を育むばかりでなく，科学的な見方や考え方，好奇心や探究心の基礎を培う上で，とても重要で欠くことのできない体験である。そのために保育者自身が，生き物や植物に対して興味をもってかかわったり，愛でたりする心や態度を子どもたちに感じさせる人であることが望ましい。最も重要なことは，子どもとともにいる保育者自身が，生命に対する「センス・オブ・ワンダー＝神秘さや不思議さに目をみはる感性」[1]や，想像力や好奇心や探究心を失わずにもち続けていることである。

　園庭では「いつの時季の，どの場所に，何が」自然に育ったり，生きていたりするのかに保育者自身が気付き，生かそうとする。季節の自然を感じるために園外保育に出かけ，園とは違う生き物や植物に触れる機会をもつ。園庭の生き物マップやクイズをつくったり，木の実や葉っぱや小枝などをごっこ遊びや製作の素材に取り入れたりしながら，子どもとともに日常的に自然に親しむ感性を養い続けたい（写真4-3）。

写真4-3

2. 植物や生き物に親しみをもってかかわる

(1) 飼育，栽培でかかわる

　季節の草花や野菜を栽培する。昆虫や動物などを飼育する。多くの園が取り組んでいる「子どもが親しみをもってかかわる」ための環境設定である。しかし実際には，子どもが主体的・持続的に植物や生き物に親しみをもってかかわれるようになるには，保育者の少なくない支援が必要であると言える。

　なぜなら，植物の生長や昆虫の成長，小動物の世話は，日々の変化を認めにくく，変わらない毎日に根気よく向き合うことになるからだ。種をまいたプランターに毎日水をやること，飼育ケースの土の中にいる幼虫のために霧を吹きかけることが，子どもにとって「つまらない作業」にならないために，保育者のひと工夫が求められる。そんな工夫をすることなく，保育者自身の「やらなければならない仕事」にして，子どもに結果を与えるだけにならないようにしたい。

　何をどのように育てるか。子どもたちが飼育，栽培にどのようにかかわることがねらいなのかを精査して，園生活の中に生命あるものをていねいに取り入れたい。

　また，園庭に植える樹木も，収穫が楽しめる果樹を植えたり，四季の移ろいや落ち葉を楽しむために落葉樹を植えたりするなど，子どもにとって意味のあるものを選択することも大切である。

(2)「あるもの」にかかわる

　夏のヒマワリやアサガオなどは，生長が早く見栄えのいい植物としてよく栽培される。一方，生長を楽しむことよりも，素材として利用することを目的として「用意」する草花もある。あるいは，園庭にいつのまにか生えてきた植物を利用することもある。

写真4-4　　　　　　　　　　　写真4-5

　ままごとの「料理」の素材になったり，すりつぶして色水をつくったり，泡立たせたりして遊べる草花たちである。

　落葉した葉っぱや木の実や大小の枝は，遊具や家具やアート作品をつくる素材とすることもできる。まとまった量の小さな素材を集められたら，大きさを切りそろえたり，種類ごとに分類整理しておけば，子どもがいつでも手に取って親しみをもってかかわる手立てとなる（写真4-4，4-5）。

　幼児期に遊びを通して身近な植物に親しんだ経験は，やがて自然を大切にする心にもつながる。草花は栽培するだけではなく，こうした遊びの素材としても積極的に取り入れたい。

事例4-1　ウサギもう1匹飼いたいプロジェクト

　ウサギを飼っているこの園では，年長児のクラスを超えた自主的な活動チーム『ウサギ隊』がウサギの世話をする。毎朝，ウサギケージやウサギ小屋の中を掃除して餌をやる「仕事」は，毎年子どもたちに人気の仕事である。
　4月，新チームで活動が始まり，さくらという名の1匹のウサギを世話していた子どもたちが，ある日「もう1匹ウサギを飼いたい」と保育者に訴えた。保育者は子どもたちに，なぜウサギを飼いたいのかを尋ねて，話し合いをした。
　そして「園長先生にウサギを飼いたいとお願いしてみる」ことになり，ウサギ隊の子どもたちは，さっそく，園長先生のもとへ駆けつけた（写真4-6）。
子ども：園長先生，ウサギ，もう1匹飼ってください。
園長：どうして？
子ども：だって1匹しかいないから。

園長：どうしてもう1匹ほしいの？
子ども：だって，さくらちゃん1匹でかわいそうやから。
園長：さくらちゃん1匹で，なんでかわいそうなの？
子ども：だって，前はのんちゃんがいたやん。のんちゃんがいなくなって1匹になってかわいそうやん。
園長：ああそうだったね。前はのんちゃんがいたね。

写真4-6

　この年の年長児が年少児だった当時，ウサギは「のんちゃん」と「さくらちゃん」の2匹だった。ところがある朝，園庭にあるウサギ小屋の管理ミスで，のんちゃんは夜中の間に何者かに襲われて，亡くなっていた。のんちゃん死亡の報は，子どもたち全員に知らされ，皆でのんちゃんの死をいたみ，手を合わせて祈りを捧げたのだった。

　この園では，以前は飼育動物を貸し出す会社からウサギやハムスターをレンタルしていた。しかし，ただ愛玩するだけのかかわりから，「生命の営みや大切さ」を子どもたちに伝えたいと願い，「子どもたちとともに成長する」過程も共有するために子ウサギを飼うことにした。年長の子どもたちがウサギの世話を日課とすることによって，ウサギは自分たちと「共に生きる」存在となった。そんな家族のようなウサギを「事故」によって失った事実を，保育者は子どもたちと共有して悲しみを分かち合うことで，生命の尊さや大切さを考えるきっかけにした。そのことが，2年の歳月を経て，思いがけない物語として動き出したのである。

園長：わかった。じゃあ聞くけど，今，さくらちゃんの世話だけでもずいぶん時間がかかっているんじゃない？
子ども：……。
園長：今でも朝，さくらちゃんの世話で遊ぶ時間が少ないのに，もう1匹飼ったら，ウサギ隊だけ遊ぶ時間がなくなるよ。それでもいいの？
子ども：……。
園長：遊ぶ時間いらないの？　遊ばなくてもいいの？
子ども：……。
園長：今，どのくらい時間がかかっているのかな？　2匹いると，その時間が2回ぶんかかるんだよ。
子ども：……。
保育者：じゃあさ，ちょっと皆で考えてみよう。

保育者は，園長の投げかけを子どもたちに咀嚼させるために，ウサギ隊とミーティングをすることにした。そこでまず，ウサギの世話が「どのくらい時間がかかっているか」を子どもたちに意識させることにした。子どもたちからは「時間を計る」というアイデアが出され，次の日から世話にかかる時間を時計で計ることにした（写真4-7）。

　それから4週間，子どもたちは時間の短縮を目指し，時間を記録し続けた。その過程で子どもたちは，やり方をいろいろと試行錯誤した。

写真4-7

　例えば，ケージの中を掃除する間，ウサギをただ抱いている子どもがいた時，それを見た子どもが「抱いてるだけ」と掃除に直接かかわらないことを責めることがあった。あるいは3人でしていたことを1人でできることに気付き，役割分担につながったことがあった。手を抜いていると見えた友達との間でトラブルが起きたり，葛藤や協同が子どもたちの間で行ったり来たりした。課題や問題が起こるたびに保育者と子どもたちは，どうすればいいかを話し合った。

　そうして当初20分かかっていたケージの掃除が，10分でできるようになり，その成果を園長に報告に行った（写真4-8）。

写真4-8

子ども：（時計の絵を指して）はじめここだったけど，今ここ。
園長：ほう，ずいぶん早くできるようになったね。それで？
子ども：……。
園長：もっと短くできるんじゃない？

　時間が短縮できたことを報告に来た子どもたち。しかし，世話をする時間が短くなった「だからウサギを飼ってほしい」という理路を自発的に発言できなかった。自分たちがやっていることの目的を見失っている子どもたちを見て，一人一人がもっと主体的にこのプロジェクトに参画できるようになるために，園長はさらに高い目標を与えて子どもたちの中に行動の意味を定着することをねらった。

　保育者とともに子どもたちは，それからさらに掃除の仕方を工夫し，3週間後ついに5分で完了できるようになった。

　7月，再びプレゼンテーションに臨み「掃除を5分でできるようになったの

でウサギを飼ってほしい」と正しく主張ができた子どもたち。よくがんばったことを褒められ，どんな工夫をしたのかを問われて答え，やっと飼うことを了承されて，子どもたちは，達成感を味わうこととなった（写真4-9）。

写真4-9

そして「ウサギはどこにいるのか？」「いくらぐらいするのか？」「どうやってようちえんまで運ぶのか？」を問いかけられ，近く（徒歩20分）のホームセンターに売っていることを知っている子どもがそのことを発言し，ウサギ隊の皆で歩いて調べにいくことになった。

ホームセンターには，候補となる子ウサギが3匹（黒，茶，ミックス）いた。子どもたちは，ウサギの価格を店員に尋ねメモしたり，どのウサギがほしいかを言い合ったりした（写真4-10, 4-11）。

写真4-10　　写真4-11

3匹の候補の中から1匹に絞るにはどうすればいいか。

ミーティングの結果，幼稚園の友達や友達の親たちに尋ねてみようということになる。ウサギ隊で投票用のポスターをつくり，エントランスに貼りだし，友達や親に「どのウサギが好きですか」とインタビューを重ねて票を集めた。その結果，ミックスのウサギが人気投票1位となる。多数決で決めてよいか？黒ウサギを選んだ人たちの気持ちを何度も確かめ，最終的にミックスウサギに決まった（写真4-12）。

ウサギ隊の皆でウサギを買いに行き，バスケットに入れて園に持ち帰る。下調べで歩いた時の半分の時間で園に戻り，会議室で子ウサギとご対面。

「いっぱいさわったらすぐよわっちゃう」「しずかにするんだよ」とペットショップの店員に言われた「おやくそく」を口々に言い合い，そっと見守る子どもたち。さっそく新しいケージにチモシーを敷き，水や餌を用意して，大切に育てようという使命感に心を躍らせた（写真4-13）。

44　第4章　身近な生き物や植物に親しみをもってかかわるということ

写真4-12

写真4-13

まとめの課題

1．生き物や植物を身近に感じるために大切なことは何であるかを話し合ってみよう。
2．ウサギやモルモットなど抱きかかえることのできる小動物とそれ以外の生き物とでは，子どもの受け止め方にどのような違いがあるか話し合ってみよう。
3．生き物の飼育を子どもに任せた場合，どのような点に留意することが必要か考えてみよう。
4．事例のエピソードを読んで，子どもたちにどのような力が育っているか話し合ってみよう。

引用文献

1）レイチェル・カーソン：センス・オブ・ワンダー，新潮社，1996，p.23

第5章 季節による生活や自然の変化に気付くこと

📖 予習課題

1. 日本の季節には、どのような特徴があるのか考えてみよう。
2. 子どもは園の生活のどのような場面で季節を感じるのか考えてみよう。
3. 子どもたちが園の中で季節を感じる生活をするためには、どのような環境づくりが必要なのか考えてみよう。

1. わが国の風土と生活

　私たちは、日々の生活の中で季節の変化を感じ、その変化に応じた生活をしている。この章では、領域「環境」の内容の1つである「季節により自然や人間の生活に変化のあることに気付く」ことについて考えていく。

(1) 日本の風土の特徴

　世界にはたくさんの国があり、その土地特有の風土である自然や気候、気象、地形、景観、植生等がある。この風土が、それぞれの国や民族の文化、生活に大きな影響を及ぼしている。そのため、季節による生活や自然の変化に気付くことについて考える時、はじめに日本の風土はどのようなものかについて考えてみたい。

　日本には四季の変化が「世界に類を見ないほど繊細かつ明瞭である」[1]という特徴がある。世界には、春と秋がほとんどない2季節の国や、熱帯のように乾季・雨季の区別しかない国もあるが、日本は春、夏、秋、冬と

いう4つの季節が1年をほぼ4等分して変化していく。また，四方を海に囲まれた南北に長い島国であり，山や川など変化に富んだ地形のため，同じ季節でも地域による差が非常に激しい。このような風土から，動植物の種類が非常に多様であった。日本では，古くから定住して稲作に従事し，農作業や年中行事など四季のリズムに合わせた生活スタイルと地域ごとの固有の文化をつくり上げてきたのである。一方で，自然は恵みだけでなく，豪雨や台風，豪雪，寒波，日照りなど，様々な試練も人々に与えてきた。このような環境の中で，日本独特の自然観が育まれてきたのである。

（2）四季の変化と子どもの生活

　明確な四季のリズムの中で独自の自然観を育んできた日本では，子どもたちも生活や遊びの中で，四季を感じる暮らしをしてきた。例えば，4月8日の花祭りでは，よもぎを摘んでよもぎだんごをつくる風習があった。保育の場でも，表5-1のように，生活の中で根付いてきた風習や，ひな祭り，節分のような古くから伝わる旧暦での行事が現在も受け継がれている。このような背景を踏まえながら，それぞれの季節ならではの自然物や自然の事象，四季を感じる行事の意義を，保育者自身が考えていく必要があるだろう。

表5-1　季節による行事や自然事象

	時期（太陽暦※）	園の行事・季節の行事等	自然物・自然事象
春	3，4，5月	ひな祭り，花祭り，春の彼岸，いちご狩り，入園式，進級式，端午の節句，母の日	春一番，梅・桜・桃などの開花，植物の芽吹き（たんぽぽ・つくし・よもぎ・ふきのとうなど），菖蒲
夏	6，7，8月	田植え，父の日，七夕，プール開き，夏休み，お盆，夕涼み会	梅雨，夕立，真夏日，朝顔，ひまわり，はす，彼岸花
秋	9，10，11月	秋の彼岸，お月見，敬老の日，運動会，芋掘り，ハロウィーン，七五三	台風，紅葉，木の実，キンモクセイ
冬	12，1，2月	冬至，クリスマス，お正月，春の七草，節分（豆まき）	落ち葉，氷，霜，霜柱，雪，木枯らし

※太陽暦：現在，私たちが生活の中で使用しているカレンダーは，ほぼ世界中で使われている太陽の動きからつくられた暦（新暦）である。

2. 季節を感じる実践例

　子どもたちは1年の中でその季節ならではの体験を積み重ね，何度も同じ季節を体験し，季節というものを体感していく。ここではまず，それぞれの季節の実践を紹介する。

(1) 春の実践

　暦の上の春の始まりは，まだ寒さが続く3月である。少し暖かくなってきたと思ったらまた寒くなるという日々を過ごし，少しずつ春を感じながら4月になっていく。4月は年度の切り替えがあり，進級，入園，新しいクラス……と環境の変化から，ちょっと緊張している子どもたちの気持ちを，心地よい気候や草花との出会いが解きほぐしてくれる——そんな春の野草である「つくし」をテーマとした実践を紹介する。

事例5-1　つくしのお味は？　4歳児

　「つくしがでたぞ〜もう春だ〜♪」朝の支度が終わるとクラスからは子どもたちの元気な歌声が聞こえてくる。この園では毎年4月になると，園の近くにつくしを採りに行き，きんぴらにして食べるという活動を行っている。母の里帰りで一時保育中のK児は，初めて体験するこの活動を楽しみにしていた。「どこに生えているんだろうね」「どんなふうにして食べるんだろう？」連日こんな会話をし，自由遊びや降園時にもつくしを探しながら歩く姿があった。

　当日は晴れ，絶好のお散歩日和。4歳児の足で20分ほどかかるつくしの生えている場所まで頑張って歩く。たくさん採れたつくしを持ち帰り，園で選別しはかまをとる（写真5-1）。洗ってホットプレートで調理し，おやつの時間に食べる。この工程一つひとつが初めてのK児にとっては新鮮な体験だったようだ。帰宅してすぐ画用紙につくしの絵をかく。その絵にははかまがしっかりと描かれていた。母が「これ

写真5-1　つくしのはかまとり

は何？」と聞くと，「ここは，はかま。ここをとるのが難しいんだよね。でもおいしいんだよ」と得意気に話すK児であった。

これは実際に筆者が母として見た事例である。短い期間であったが，「つくし（スギナ）」との活動を重ねる中で，見たことがあるという程度だった野草に愛着をもち，身近な自然として認識していく過程を，日常の会話の中からはっきりと感じることができた事例であった。

（2）夏の実践

プールなど暑さの中での活動イメージが強いが，暦の上では6月からが夏となる。ここでは，身近な川をフィールドとして川遊びをしている園の実践例を紹介する。

事例5-2 川遊び　3，4，5歳児（異年齢）

この園では，暑い夏の活動の1つとして，プール活動と並行して川遊びを行っている。プール活動を行うか川に行くかは，子ども自身の気持ちや水遊びの習熟度などから保護者の方とも相談し決めていく。8月上旬，連日の猛暑が続くこの日，川遊びに行くメンバーは13名。園で着替え，ライフジャケットを着たメンバーたちは，川に着き，保育者の話を聞き終わると，いつものように遊びだす。「よっしゃ～」「気持ちいい～」そんな声とともに，飛び込みをする子，もぐる子，泳ぐ子などそれぞれが水の心地よさを堪能する。そんな子どもたちの横で，川遊び初めての3歳N児は，川に入ったものの自然特有の川の流れになかなか動きだせないでいた。川は園で用意するプールとは違い，自然の流れがある。経験を積んだ4歳・5歳児が流れに身を任せ，流れを楽しんでいるのを見ながら，保育者につかまり少しずつ体験してみる（写真5-2）。初めは表情がこわばり保育者に必死につかまっているだけのN児であったが，何度か体験する中で自信がつき，1人で挑戦することができた。40分ほど，思い思いに川遊びを楽しむと，

写真5-2　川遊び

保育者から「そろそろ帰るよー」の声がかかる。「え〜！　気持ちいいから出たくないよ」と暑さの中でいつまでも水につかっていたい子どもたちであった。

　連日の暑さが身にしみる昨今の夏だが，そんな暑さの中で，子どもたちが川の水の心地よさを全身で感じている事例である。また，N児が怖いと思った川の流れのように，自然は楽しいだけでなく，人間が簡単にコントロールできない対象でもある。刻々と変化し，日々異なる自然とかかわる際には，事前の危険予測だけでなく，その時の状況を見極めながら一人一人に適切な援助を行うことが大切だろう。

（3）秋の実践

　暑い夏が通りすぎ，少しずつ風が冷たくなってくる9月から冬を迎えるまでの3か月。葉っぱの紅葉やどんぐり，松ぼっくりなどの実も落ち，春に植えた米や芋などの収穫時期であるこの時季は，四季のうつろいを肌で感じる季節である。ここでは，秋の象徴とも言える「葉っぱ」についての朝の会での会話の一部を紹介する。

事例5-3　好きな葉っぱ　3，4，5歳児（異年齢）

　この園は，1年を通して自然の中で過ごすことを園の理念に掲げており，朝の会や帰りの会も園庭等で行うことが多い。この日の朝の会では，色付く木々を見た5歳A児の提案で「好きな葉っぱ」というテーマでそれぞれが発表することになった（写真5-3）。
保育者：じゃあ，好きな葉っぱを教えてください。
4歳B児：海賊の葉っぱ。
5歳C児：大きい方の葉っぱが好きです。
A児：色だよ。緑とか赤とか黄緑とかあるだろ〜。
5歳D児：赤い葉っぱが好き。

写真5-3　園庭での朝の会

> A児：紫と毒の色の葉っぱと，あと木の色，赤とあと白と黒と緑。黄色。
> 5歳E児：黄緑色の葉っぱが好き。
> 3歳F児：赤い葉っぱ。
> 5歳G児：もみじの黄色の葉っぱ。……発表は続く。

　秋の象徴である葉っぱの紅葉は，1日の最低気温が低くなると色付き始めると言われている。この事例では，寒さとともに色付き始めた森の葉っぱを見ながら，朝の会の中で，自分が好きな葉っぱについて表現した事例である。日々自然と過ごす中で，子どもたちなりに自然の多様さや美しさを感じていることが，子どもたちの言葉からよく分かる事例である。

（4）冬の実践

　クリスマスや正月，節分と行事が多いこの季節は，四季の中で最も気候や天候の地域差が大きい季節でもある。ここでは，冬ならではの実践を紹介する。

事例5-4　足湯　5歳児

> 　寒い時季になると戸外遊びに消極的になる子どもが増えてくる。ある園では寒い時季でも戸外活動を楽しんでほしいという思いがあり，外に出たいと思うような環境づくりを行っている。その1つとして，たらいに湯をはる「足湯」を実施している。吐く息も白くなったこの日も，保育者がたらいに湯を用意していると，徐々に子どもが集まってきた（写真5-4）。外に出てきて寒そうにしていた5歳J児は，足を湯につけしばらくたつと「足だけしか入ってないのにからだがすごく熱くなってきた」と言い，足湯をやめ，園庭での遊びに移っていった。前日に裏庭で柿を収穫したこの日は，5歳のK児が「足湯に柿を入れたらいいにおいがするんじゃない？」と保育者に伝えてきたため，湯の中に柿を入れてみる。「なんか甘いにおいがするね」「気持ちいいね」と言い合いながら柿湯を楽しんでいる子どもたちであった。

写真5-4　足湯

古くから独自の温泉文化を育み，1年のうちで最も日が短くなる冬至には，柚子湯に入る習慣があるように，日本では，季節の行事としても入浴と香りを楽しむ文化が根付いている。この事例からは，冬の寒さと温かい足湯，そしていいにおいの柿……と，季節をからだで感じる子どもの様子と，日本の文化も感じることができる。

(5) 1年を通した実践

最後に1年を通した実践として，米づくりの実践を紹介する。

事例5-5　年間を通した米にまつわる活動　3，4，5歳児（異年齢）

ある園では，子どもたちが自然とかかわり，自然の変化を感じる生活ができるようにという思いから，年間を通して米にまつわる活動を行っている。5月には近隣の実習園で子どもたちとともに田植えを行う。田植え後には，泥の感触を楽しみながらの泥遊び（写真5-5）。入園して間もない年少児は，おそるおそる入る，立ちすくむ，泣きだすなど，体験したことのない泥の色や感触に驚く姿もあるが，年長児になるとその感触を楽しみ，ダイナミックに遊ぶようになる。こうして植えた稲を散歩などで観察したり，田んぼにいるカエルやザリガニなどの生き物との出会いを楽しんだり，園で飼育したりしながら9月の収穫を迎える。

稲刈り当日，田んぼが見えてくると「わ〜黄色だ〜」「大きくなっている！」という声が子どもたちからあがる。植えた時には青く小さかった稲が，生長して黄金色の稲穂になっていることに気付く。「みんなが食べているお米があの中に入っているんだよ」という保育者の声がけに，じっと稲穂を見つめる子どもたち。いよいよ収穫の時。全園児がのこぎりがまを持ち「じょりじょり」という感触を感じながら米を収穫する。刈りとった米をそのままかじってみる子，籾殻をむいてみる子，においをかぐ子など，五感を使って稲の育ちを感じている姿がある。その後，収穫した米は脱穀して園に持ち帰り，園での販売や餅つき会，お餅パーティー，あられ作りなどの活動につながっていく。

写真5-5　泥の感触を楽しむ

明確な四季の変化と豊富な自然から，多くの家庭が農業を中心とした生活を営んできた日本では，稲づくりの作業を中心に1年がめぐっていたとも言われている。このような一連の活動を積み重ね，五感を使いながら自然とかかわることで，子どもたちが四季の変化や自然の力を感じたり，自然と人間の生活との関係を考えるきっかけとなっていくだろう。

3. 四季の変化と保育実践のポイント

事例を踏まえ，四季の変化の中で紡がれる生活が，子どもの心の中に深く残っていくためには，どのような視点が必要かについて考えていく。

（1）四季の変化を感じることができる保育の環境

四季の変化と生活との関係を感じながら園生活を行っていくためには，まず，園内で日常的に自然とかかわることができる環境をつくっていくことが大切である。日本は世界に類を見ないほど植物の種類が豊富で多様であると言われているが，ある園ではこの特性を利用し，それぞれの季節ごとに様々な色，形，手触りが楽しめるような樹木の配置をしていた。またある園では，園舎の前に梅の木が1本あり，シンボルツリーとしての役割を果たしていた。この1本の梅の木があることで，木登りや虫とりなどの遊びや，梅の実の収穫，梅ジュースづくりと，年間を通して「梅の木」にかかわる活動を行っていた。このような「樹木」などの大々的な環境づくりが難しい場合でも，草花を植えられるスペースや，雑草をそのままにしておけるスペースを意図的につくるなど，それぞれの園の環境や地域の状況に応じて，子どもが日常的に五感を使って自然に触れられる環境づくりを行うことが大切である。

また，戸外で出会った自然と，室内でも継続してかかわることができる環境づくりも大切である。庭で摘んだ草花を子どもと一緒に飾ったり，玩具や絵本と一緒にディスプレイするなど，園内のちょっとしたスペースでも季節や自然を感じる環境づくりを行うことができる。また，事例5-1

のエピソードでは，月の歌，読み聞かせ，野草摘み，採ってきた野草での調理，活動後の描画や製作……と，季節ならではの自然物と継続的にかかわることを通して，「つくし」の存在がより身近になる様子がうかがえた。実際の自然や自然物だけでなく，日々の生活の中で，季節にまつわる保育教材や児童文化に触れることができる環境づくりも大切だろう。

（2）四季の変化と保育の計画

　保育の計画を立てる際には，子どもたちに育むことが期待される「資質・能力」の3つの柱の視点をもち，「幼児期の終わりまでに育ってほしい姿」を意識しながら計画を立て，見通しをもって保育を進めていくことが必要である。これは，自然とのかかわりについても同様で，子どもが自然とかかわりながら，季節の変化と生活との関係に気付いたり，感じていけるような計画を立てていくことが必要である。そのためには，園内だけではなく園外の環境も含め，それぞれの季節ならではの体験が得られる地域資源を保育者が把握し，季節の行事とともに地域の自然とのかかわりを計画の中に入れていくことが必要だろう。事例5-1，5-2，5-5は，地域の自然環境を利用した活動を行っている事例である。四季の自然マップをつくるなど，地域にどのような自然があるのかを把握し，活用していくことで，園内だけでは実現できない多様な経験が可能になる。

　このように自然とのかかわりの際には，保育者の計画の立案が必要であるが，自然の変化や天候，気候などは，保育者がいくら計画を立てていてもその通りになってくれるとは限らない。入念に下見や打ち合わせを行い，十分に計画を立てていても，気候や自然の状況，急な天候の変化で実施できない場合や，雪が降ったなど季節ならではの体験をするために，事前の計画を変更する場合もある。綿密な計画と，実施時の柔軟な判断や対応が必要なのである。

（3）自然とのかかわりをより深めていくための視点

　最後に自然とのより深いかかわりや，季節ならではの実践の幅を広げて

いくための視点を2つ紹介する。

　まず1つ目に，保育者自身が自然とかかわる技術を習得したり，専門家と連携していくことがあげられる。事例5-2の園では，川遊びのための資格を園全体で取得する機会を設け，子どもが安全に水遊びを行えるような環境づくりを行っている。また，冬には専門家と連携し，遠方に出向いて普段は体験できない雪上での合宿等も行っている。現在，各地に自然体験活動を実施する機関が増えている。専門家と連携することで，園内や地域だけでは体験できない自然とのかかわりも可能になり，保育の幅が広がっていく。

　2つ目に，わが国には四季の変化や伝統の行事と結び付いて受け継がれてきた遊びや童謡や唱歌，わらべ歌，絵本，紙芝居，郷土玩具などがたくさんある。日本の風土と密接に関連して受け継がれてきた伝統や文化に，もう一度目を向けるとともに，保育という文化の中で受け継がれてきた手遊びやパネルシアターなどの保育教材も活用しながら，生活の中で自然や季節を感じられるようにしていきたい。

 まとめの課題

1. 春，夏，秋，冬，それぞれの季節ならではの自然物や草花にはどのようなものがあるか調べてみよう。
2. 1であげた自然物や草花でできる遊びや活動を考えてみよう。
3. わが国で歌いつがれてきた季節にまつわる童謡やわらべ歌を調べてみよう。

引用文献
1) 山本紀久：造園植栽術，彰国社，2012，p.60

参考文献
・市川健夫編：日本の風土と文化，古今書院，1991
・石坂昌子：自然のめぐみを楽しむ 昔ながらの和の行事，家の光協会，2010
写真・事例協力園：城山保育園，志木どろんこ保育園，朝霞どろんこ保育園，森のようちえんピッコロ，庄和すずらん幼稚園

第6章 様々な物や道具に触れ，その性質や仕組みに興味や関心をもつこと

予習課題

1. 「どうしてそうなったのだろう？」「どうやったらそうなるのだろう？」という疑問を，あなたの具体的体験（見て，聞いて，触ってなど）に基づいて毎日5個以上探してノートに1週間書いてみよう。
2. 集めた35個以上の疑問について友達と共有してみよう。

1. はじめに

　幼稚園教育要領の「環境」の「内容（2）」には，「生活の中で，様々な物に触れ，その性質や仕組みに興味や関心をもつ」とある。また，同解説には次のように記載されている。

> 　幼児は，様々な物に囲まれて生活し，それらに触れたり，確かめたりしながら，その性質や仕組みなどを知っていく。初めは，感触を試し，物との関わりを楽しんでいるが，興味をもって繰り返し関わる中で，次第にその性質や仕組みに気付き，幼児なりに使いこなすようになる。物の性質や仕組みが分かり始めるとそれを使うことによって一層遊びが面白くなり，物との関わりが深まる。物の性質や仕組みに気付くことと遊びが面白くなることが循環していく。（中略）
> 　さらに，遊びの深まりや仲間の存在は，幼児が物と多様な関わりをすることを促す。幼児が周囲にある様々な物に触発されて遊びを生み出し，多様な見立てを楽しむと，その遊びに興味をもった仲間が集まり，新しいアイデアが付加され，その物の性質や仕組みについて新たな一面を発見する。その発

見を生かして更に遊びが広がり，深まるといった過程を繰り返す。このような流れの中で，幼児が自分のリズムで遊びを展開し，興味をもった物に自分から関わる，多様な見立てや関わりを楽しむ，試行錯誤をする，仲間と情報を交流するといったことを通して，物の性質や仕組みに興味をもち，物との関わりを楽しみ，興味や関心を深めていくことを踏まえることが大切である。(幼稚園教育要領解説第2章第2節3(2))

本章では，この記載の意味について，実際の事例をあげながら考えていこう。

2. 幼児の興味・関心への芽生え

ここでは，3歳児のニンジンの水耕栽培を例に考えてみよう。

視野が広がり，自分の周りにある「モノ」や「コト」，一つひとつのものをじっくりと観察し，「どうなっているのか」「どうなっていくのか」と，ちょっとした「変化」に対しても気付き，それに関心を示し，その関心が少しずつ高まりを見せてくる姿が見られるようになってきた3歳児5月。保育者は，そうした子どもの姿から，給食でよく食べているニンジンのヘタを，トレイに水を張って置くことにした。

置かれたことには気付いても，何の変化もない数日間は素通りしていたが，芽が伸び始めると，そのコトに気付きだす子どもがあらわれる。「何か出てる！」(写真6-1)と声を上げた瞬間，子どもの不思議や興味・関心はクラスの中へと広がりを見せる。

写真6-1 「何か出てる！」

保育者は，ニンジンのヘタをトレイに置いたことについて，ことさらに子どもに知らせるわけではない。むしろ，だれが変化に気付くかを推測したり，どのくらいの変化で気付くかという予測を立ててじっと待つ。その上で，子どもの驚きや不思議，そして発見の言葉を見過ごさ

ないよう，そうした言葉が聞かれた時に，「ほんとうだね」などの共感を示すように心づもりしていた。

3歳児のこの時期，子どもの興味や関心は，子どもだけで持続していったり，他児の中に広がっていくことはまだ難しい。だから保育者は，子どもの言葉への共感をいつでもできる態勢を意識するだけでなく，子どもの好奇心や探究心が高まればと考え，自らもなにげない日々の生活の中で，例えば，ニンジンの横を通るたびにちょっと見たり，何か変わったところはないかを探したりしていた。そうした保育者の姿が子どもに見られている可能性があるということを意識して。

実際，ひと晩で葉が増えた日には保育室内は大騒ぎになり，ニンジンへの関心は高まっていった。そうした子どもの心の動きは，出た葉の本数を数える姿につながったり，あるいは，水が減っていることに気付いてトレイに入れようとする姿，さらには，時にトレイに水を入れすぎて，トレイからあふれてしまったりする姿などにつながっていった。

確かに，床に水がこぼれることは保育者にとっては不都合なことも多い。しかし，その時に「水が多かったみたいだね」と声をかけることで子どもは「多い・少ない・ちょうどいい」を考えたり，意識したりすることを始めるのだと考えている。

子どもにとっては，日常の生活空間の中にニンジンの水耕栽培が飾られたに過ぎない。しかしそのニンジンの変化に気付き，驚き，興味・好奇心が生まれること，さらには，その姿が次々と変化し，発展し，継続することの中に，数量への関心のきっかけの芽が生まれている。小さな気付きの姿に対し，保育者がしっかりと受け止め，心が動くように対応すること。このことがモノの性質への関心や仕組みへの関心へとつながっていくのだと思っている。

3. 乳児期の興味・関心

ところで，前述のような子どもの気付きや幼児の興味・関心は，急に芽

写真6-2 「ムシだ！」

生えるわけではない。乳児期からの積み重ねによるものだと考えている。例えば、写真6-2の場面。これは季節が春から夏に移り変わり、虫の活動が盛んになってきたころの0歳児クラスの写真である。目の前に虫が飛んできて網戸に止まった。それに気付いた子どもは、保育者を見て共有を求める。

「何か来たね」と子どもの心の声を言葉にして返すことで、子どもは再び虫の方へと視線を送る。先程より近づいて見ている。保育者は一緒に見ながら、虫が動き出したら子どもの反応があることを予測し、さらに、どの程度反応するかも考えながら、子どもの関心がより高まるように、子どもの示す表情になぞらえるように、自らの表情を含めて反応の仕方を意識する。

少し虫が動いた。やはり子どもは保育者を振り返り「動いた！」というような表情をする。「動いたね、ほらまた動いた」と子どもの表情まで保育者が映し返すことで、関心が持続し、子どもはさらに虫を見続ける。ついに虫が飛び立った。子どもは思いがけない結末に驚きの表情をしたが、保育者も一緒に驚き、虫の飛んだ方向を指さしながら見る。すると子どもも、見えなくなるまで見続けている。

次に写真6-3。この場面も0歳児。水の動きに興味をもった子どもたちに、温水遊び以外でも楽しめるようにと、おもちゃを用意した時の様子である。

ペットボトルの中で水が面白い動きをするので、おもちゃを見た瞬間に子どもの心は釘づけ。下のボトルに水が落ちてしまうとひっくり返してまた見ている。またひっくり返して、と何度も繰り返し気の済むまで続けて遊ぶ。最後

写真6-3 「ブクブク…」

には必ず,「終わった」というように保育者の方を見るので,「終わったね。楽しかったね」と気持ちを言葉にする。

　子ども一人一人の関心は様々である。水だけでなくペットボトルをくるくる回す子,真上や真下からのぞく子……と,興味は次々に移っていった。「見る」という行為が,モノの変化への驚きや気付きを促し,さらに「見続けたくなる」という関心の持続へと結果的につながっていく。保育者がていねいに介入し,モノやコトの一つひとつに心を寄せることの面白さに気付かせることの大切さがここにある。

4. 興味・関心が「小さな科学者」のように深まる

　ここでは5歳の事例をあげ,モノやコトを科学的に思考していく様子をみていこう。

　図鑑を見て小動物の家を準備している姿があった。そこで,数人で図鑑等を見ながら文字を読んだり,絵を見たりして試して楽しむのではないかと,自由研究の本も本棚に置いてみる。すると,さっそくその本を見ながら「結晶づくり」に興味をもった子どもたち。自分たちで材料を調べてそろえた後,手順を見ながら結晶づくりを進めていく。冷たい水道水に塩を混ぜてモールを沈める。「どんなのができるかなぁ」と期待していたが,その日にはできなかった(冷たい水のため)。

　翌日,「結晶,まだできてないやん」「私のも何もできてない」と結晶に対する興味・関心は持続している。ただ,1人の子どもがこのままではできないかもしれないというのを感じたのか,別の方法を考え始めた。「あったかいお湯に塩を溶かしてみよう」「水をあっためるために,太陽にあててみよう」この提案に促され,子どもたちはテラスに容器を並べ始める(写真6-4)。するとKが,他児の塩水を倒してしまう。困った様子だったので,保育者は残った少しの塩水を皿の上に広げることを提案し,また,結晶が見えやすいようにと,皿に黒い紙を敷いた上に残りの塩水を広げ

た。

午睡から目覚めた後，子どもたちは結晶を見るため，すぐにテラスに向かう。すると結晶ができている（写真6-5）。「え～！　なんか，四角くなってない!?」「すきとおってて，四角い模様があってきれい！」と，自然にできた結晶の，大きさ，美しさ，不思議さ，形に目を向けていた。

どうして，Kの皿に広げた塩水がこんな形になったのかについて話し合いになる。「塩水が，太陽の光で乾いたからこうなるんや！」。「塩，いっぱい溶かしとったんかなぁ」など，予測や事実について意見を出し合っていたので，他児と考えを共有する時間を大切にする。

すると，次のような姿が見られるようになっていった。

写真6-4　変化の理由を探す

写真6-5　塩の結晶

- 「Kみたいな結晶できるかなぁ」と，太陽がいちばんよくあたっているところに皿を置き，水が乾いていく様子をじっと待ち，周りから白い粒になっていくことに気付く子ども（写真6-6）。
- 「ぼくは山盛りほしいから，おっきいお皿にしよう」と，考え（仮説）を，実際に準備して試す子ども（写真6-7）。
- 「だんだん水がなくなってきよる」と1人の発見，自然の中で起こる現象の不思議さや感動をクラスみんなで共有する姿（写真6-8）。
- 太陽の光があたって暖かいところの方が水が早くなくなることに気付き，「あ～，また曇った。太陽はどこや？　えっと……雲がいっぱいやけん，まだまだ出てこんやん」と空を見上げ，雲の流れから太陽が出る時を予測する姿（写真6-9）。

・「前のより，粒が大きい」と大きさを比較する姿（写真6-10）や，結晶をじっくり観察し，「四角の中に四角ができとる！　線も入っとる」と，観察し発見した結果を記録する姿（写真6-11）。

写真6-6　変化への条件を探す

写真6-7　道具を探す

写真6-8　変化の関係に気付く

写真6-9　変化への適切な条件を探す

写真6-10　結晶の比較（大きさ）

写真6-11　結晶の観察

ところで，この塩の結晶づくりの遊びは，「もっとほかのもつくってみたい」という思いから，さらにミョウバンの結晶づくりへと展開していくことになる。そこで見られた姿を活動の展開に即しながら箇条書きで示すと，次のような姿になる。

・「100（cc）まだきてないなぁ。あとちょっと」「ぐつぐついいよるきん，ちょっと弱めよう」と塩の結晶づくりの経験から，温度や分量の重要性に

気付き,取り組む姿(写真6-12・13)。
- 「見て! もう結晶が浮き上がってきよる」「あれ? ミョウバンってはじめ白かったのに,透明の結晶にかわっとる!」「なんか三角の形してない?」(写真6-14),「え,もう針金の先についとる」「ほんまや! つぶつぶがいっぱいや!」(写真6-15)と塩の結晶づくりでの経験と比較しながら観察する姿。
- 結晶の変化への関心から,さらに「これに色をつけてみたい」と新たな遊び課題が見つかり,「和紙」「クレープ紙」「水性色マーカー」「絵の具」と組み合わせを含めて試行錯誤して,着色の方法を見つけ出す姿(写真6-16)。
- 塩の結晶の時と同様に,大きくなったミョウバンの結晶を見て紙に図としてかきとろうとする。しかも,「もっとよく見たい」「もっとよく知りたい」という思いから,虫眼鏡を使い始める姿(写真6-17)。
- 「三角がいっぱいひっついとんよなぁ」と,なじみのないひし形を何度もかき直し(写真6-18),それでも思うようにかけず自分の指を使って,「こんな形になっとんやけどなぁ」と表現する姿(写真6-19)。
- 大きなミョウバンの結晶(1.5cmほど)をつくり,「宝石みたい! ダイヤの形や! 指輪にしよ!」と,自分のつくったものを身近なものに変えたり,保護者へのプレゼントにしたりする姿(写真6-20)。

写真6-12 100ccへのこだわり

写真6-13 温度へのこだわり

写真6-14 比較しながらの観察①

写真6-15 比較しながらの観察②

写真6-16 着色への試行錯誤

写真6-17 細部の観察へのこだわり

4. 興味・関心が「小さな科学者」のように深まる　63

写真6-18　形への
こだわり

写真6-19　形への
気付き

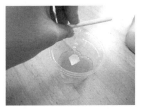
写真6-20　作ったモノ
を変化させ次の遊びへ

　さて，こうして5歳児の一連の結晶づくりの事例を振り返ってみると，子どもたちはこれまで蓄積されてきた経験を踏まえ，つくり方を示した本から情報を得て，頭にその展開を思い浮かべ，実際にモノに触れる中で，仮説を描き，その経過を観察する中で，仮説を修正し，試行錯誤しながら目的を実行していったことが分かる。

　さらにそのプロセスにおいては，飽和概念を経験し，温度とともに飽和状態が変化することも経験し，そのことの不思議さや面白さを遊びの中で経験していた。これら一連の活動は，子どもにとってはあくまでも遊びであり，その活動は，将来的には理科という教科内容で学ぶ内容を楽しみながら，そこから形の面白さや美しさへの気付き，そして，宝石や指輪づくりといった活動へと展開していった。

　こうした活動が5歳児において開花していく背景には，0歳児のころから周りの環境に「心が動く」素地を育て，モノをよく見ることを継続的に積み重ね，育てることを意識していたそれぞれの年齢における保育者たちの，様々な援助行為があったことを忘れるわけにはいかないだろう。

　例えば，改めて確認しておくと，保育者たちは心が動くおもちゃをつくり（0歳児），ニンジンの水耕栽培を生活の中で始め（3歳児），また，自由研究の本を提示するといった，環境のきっかけとなるものを設定していた。あるいは，子どもの表情を見逃さず，表情や視線等から心の動きを読み取り，それを言葉で重ね，形づくり，子どもの動きや表情に追随するといった行為を行っていた（0歳児）。また5歳児では，子ども同士のやりとりの聞こえる距離から子どもの意識の変化やモノへの着眼点の読み取

り，一人一人の興味・関心度を探っていた。

　興味・関心の振幅が大きくなるほどに，活動によっては（この5歳児の事例で言えば，例えば，飽和溶液をつくるための火の使用時など），いつでも助けられる距離を保ち，けがに留意し，安全な環境を整えるという配慮もまた実際実施していた。また，個々の子どもの育ちの課題を，活動の中で養ってほしい力として高めるためには，子どもの得意なことから取り組めるようにかかわっていくなどの配慮もしていた（例えば，かくことが得意な子どもには，できた結晶をかくことを提案した。すると，かきながらその線の美しさに魅了され，そこから改めて結晶づくりへと取り組んでいったという展開も本事例の中には見られた）。

　加えて，本章の冒頭で指摘した通り，遊びの深まりを支えている友達の存在，情報を共有し合い，新たな刺激を受け，協働しながら遊び（＝学び）を進めていくための，保育者の援助もまた重要である（例えば，この5歳児の事例で言えば，他者の抱いた疑問や気付きを必要に応じてみんなで共有するという場面をつくり，働きかけていた）。

　いずれにしても，日々の生活や遊びを通して「物の性質や仕組みに興味や関心を持つこと」。そのための保育者の営みの質を向上していくこと。このことがまさに，専門家として求められていることだと言えよう。

 まとめの課題

1. スーパーボールを原材料からつくってみる。いちばん遠くまで飛ぶシャボン玉をつくってみる。葉っぱの葉脈標本をつくってみる，等々，小学生の夏休みの理科の自由研究を参考にして1つ実際にやってみよう。
2. やってみての感想を，友達と共有してみよう。

第7章 日常生活の中で数量や図形などに関心をもつこと

📖 予習課題

1. 生活の中で,子どもたちはどのような場面で数と出会うだろう。子どもたちの遊びの姿から考えてみよう。
2. 私たちの生活環境の中には様々な図形が隠れている。日々生活している環境を思い浮かべながら,そこにはどのような形が潜んでいるのか,子どもの気持ちで見つけてみよう。

1. 数との出会い

「10数えたらね」。ブランコをこいでいる女児が,順番待ちをしている友達に向かって大きな声で伝えている。「10数えたらね」とは,園庭からよく聞こえてくる言葉である。遊具を使う時間を,10という数で計っているのであるが,子どもたちは,数という概念を自らの必要感に基づいて使っている姿がある。このように,私たち人間は生活の中で必要に応じて数を用いることにより,物の数を数えたり,量を測ったり,それが金銭という価値に変化したり,時間という概念に変化することで,数という存在が,私たちの生活を支えるものとなっていることに気が付く。

幼い子どもたちはどのようにして数と出会い,数の世界を知っていくのであろうか。この節では,子どもたちが出会う様々な数の世界について考えてみよう。

（1）自分の指を動かしながら数と出会う

> **事例7-1** 　まいちゃんは4歳！　3歳児
>
> 　子どもたちが次々と登園する朝。そこに元気に駆け寄ってくるまいちゃんの姿が。まいちゃんは「おはよう」も言わずに，開口一番「まいちゃん，4歳だよ」と，小さな指を4本立てて保育者に話し始めた（写真7-1）。その顔は，うれしくてうれしくてたまらない様子。今日はまいちゃんの誕生日であることに気付いた保育者は，「まいちゃん，お誕生日おめでとう。4歳になったのね。お姉さんになったね」と語りかけていた。
>
>
> 写真7-1

　子どもにとって，魔法の日となる誕生日。この日は年少組のまいちゃんの4歳の誕生日。誕生日を迎えた子どもたちの様子は，いつもとは少し違って，今までできなかったことができるようになったり，幼い子どもなりにも，1つお兄さん，お姉さんになったことを誇らしく感じている様子がよく見える。

　2～3歳ぐらいになると手の指先もよく動くようになり，指を1本ずつ動かすことができるようになってくる。粘土遊びにおいても，指先を使って粘土を様々な形に変形させることを楽しんだり，はさみも使うことができるようになる。家庭の中でも，周囲の大人が話しかける言葉を覚えて繰り返すことによって，言葉も一気に増え始める。

　このような発達段階を踏まえ，自分という存在を表現する言葉も覚え，名前や年齢を言葉に出すと同時に，指を2本立てて2歳ということを示したり，誇らしげに「3歳になったよ」と3本の指を立てる子どもの姿に，数を認識する以前の数との出会いを見ることができる。

　指が示すものは年齢だけではなく，物を数える時も用いる。子どもたちは親指から順番に指を折りながら，「ひとつ，ふたつ，みっつ，よっつ，いつつ」と数という概念に出会う。子どもたちは「♪一つ　二つ　三つ

四つ　五つ　咲いた　咲いた　菊の花　赤　白　黄色　きれいに咲いた♪」(『きくのはな』作詞：立野勇／作曲：本多鉄麿)と歌ったり，手遊び歌を歌い，指折りをしながら数を数えていくことを覚えていく。この場合，歌うことが主であり，数を数えるために歌っているのではない。子どもたちは，歌の世界の中で自然と数に出会っていくのである。

(2)「いっぱい」という表現

事例7-2　いっぱいだね　満3歳児

毎日園庭に散歩に出かけることが楽しみな，満3歳の組の子どもたち。途中で拾ったたくさんの木の実や草花をビニール袋に入れては，「ママのおみやげ」と満足そうな表情で園に戻ってくる。

夏から秋にかけては，松林の中にたくさん落ちている松ぼっくりを集めて山にしては，「いっぱいだね」と友達同士顔を見合わせ楽しむ子どもたち。「いっ〜ぱい！」と手を大きく広げて，笑い声をあげて遊び合っている（写真7-2）。

写真7-2

2歳から3歳の子どもたちは，1つ，2つ，3つぐらいまでは数えることができるが，それ以上になると事例7-2のように「たくさん」「いっぱい」という言葉で表現し，抽象的に物の数を量として捉えていることが分かる。同時に，おやつや昼食の量が「多い」「少ない」，粘土をへびのように長くしては「長い」「短い」，積み木を積み上げては「高い」「低い」などの対になる概念の理解が少しずつ進み始め，見た目ですぐにその違いに気付くようになってくる。このような時期には，早く数を覚えさせることであったり，日常の数の記憶を数式にして覚えさせようとするのではなく，物の数というものは，1つ1つが集まって形成されることを感じることができるように，それが次第に数えることへの興味へつながるように，楽しみながら関心を育てていくことが大切であろう。

（3）遊びの中で数と出会う

> **事例7-3** 遊びの中で数と出会う　4歳児・5歳児
>
> 　年中組4歳児のクラスからタンバリンの音が聞こえてきた。「さぁ，いくつかな？　よく聞いていてね」と保育者がタンバリンを打ち始めた。子どもたちはタンバリンの音に合わせて「いち，に，さん，し，ご」と声を合わせて数え始め，タンバリンの音がやむと「5人だよ，5人！」と友達同士で一斉に手をつなぎ始める。これは仲間づくり遊びである。あるグループを見ると「いち，に，さん，し，ご，ろく」と，だれが数えても6人なのだが，だれも自分からほかのグループへ移る子はいない。
>
> 　同じ場面は，年長組5歳児の子どもたちの中にも見ることができる。ドッジボール遊びや，リレーごっこを始める際に，まずグループの人数を数えるのだが，あと〇人足りないことや，△人多いことに気付くことができるようになってくる。5歳児ともなればこれまでの遊びの経験から，じゃんけんで負けた人がほかのグループへ移動したり，自ら別のグループへ移動するなど，どうしたら同じ数になるのか考えることができるようになり，遊びのルールを自分たちで守ろうとする意識を見ることができる。

　このように，遊びの中で子どもたちが数を体験する場面は様々なところで見受けることができる。かくれんぼや鬼ごっこなどの集団遊びの際には「い〜ち，に〜い，さぁ〜ん，しーい，ご〜」と数えながら遊び合ったり，玉入れ遊びの際には，どちらのチームが勝ったのか玉の数を声に出して数えたり，縄跳びやまりつきができるようになってくると，1回でも多く跳びたい，続けたいと数を数えながら挑戦する姿も見受けられる。数は勝敗を左右することにつながることから，表などを準備し，数が見えるように工夫するなどして，目標に向かって意欲的に取り組む力を育む環境ともなっていく。

> **事例7-4** 10が10個あるね　5歳児
>
> 　梅，りんご，柿，かりん，どんぐりと，様々な種類の実のなる木がある園庭。夏から秋へと季節が移り変わる間にそれぞれの木々も実を付け，自然は子

どもたちに季節の変化を教えてくれる。毎年たわわに実るかりんは，実が付き始めたころは黄緑色であるが，次第に黄色へと変化していき，11月が収穫の時期となる。収穫の役割は，毎年最高学年である年長組の子どもたちが担っている。今年もたくさん実を付けた。いよいよ収穫の日。脚立に登って1人1個ずつ収穫を始め（写真7-3），収穫したかりんの実を並べ始めた子どもたち。保育者と一緒に1から10まで数えながら，かりんの木の下には，10個の塊がいくつもできていった（写真7-4）。保育者が数えると全部で291個に。子どもたちの顔にも満足そうな笑顔が広がった。

写真7-3

写真7-4

　このように，幼児期における数量や図形は，小学校以上において出会うそれとは異なり，数式等で正解を求めるのではない。1から100までの数を数えることができるようになることでもない。幼稚園教育要領に明記されているように，幼児期においては「遊びや生活の中で，数量や図形，標識や文字などに親しむ体験を重ねたり，標識や文字の役割に気付いたりし，自らの必要感に基づきこれらを活用し，興味や関心，感覚をもつようになる」ように保育者は学びの援助者として，子どもの体験を支えていく者でありたい。子どもたちは遊びの中で数の存在に気付き，年長組ともなると数への関心が高まることで，1から100まで数えることのできる子どももいるが，幼児期に大切なことは，得た体験をどう生かしていくかである。また，子どもたちの数への興味・関心を保育者がどう生活の中で取り上げていくかが大切である。

　例えば，年少組の積み木の片付けの場面では，次のような保育者の問いかけがある。「お片付けの時間になったね。積み木も元の場所へ戻しまし

ょう。さあ，四角の積み木をここに持ってきてね，1つ，2つ，3つ，4つ。次に三角の積み木をどうぞ，1つ，2つ，3つ。丸い積み木はここね，1つ，2つ，3つ。きれいに片付けができたね」。日々の生活にある片付けの時間においても，このようななにげない保育者の声がけが，数との出会いともなっていく。このように，子どもたちが数の世界と出会うきっかけは，生活のなにげない場面にあるのであり，そのなにげない遊びの中から，生活習慣から，数の世界は1個1個の集合体であることを感じていくのである。このことは，事例7-4の年長組の様子を見ていた年少組の子どもたちが，かりんの収穫後に園庭から拾ってきた柿の葉をベンチの上に1枚1枚並べていた姿（写真7-5）からも，数の世界を感じ始めていると考えることができる。

写真7-5

2. 図形との出会い

　2歳から3歳の子どもたちに「好きな食べ物なあに」と尋ねると，「いちご！」「りんご！」「ぶどう！」と果物の名前を答える。面白いことに形が丸である。また，1歳くらいからクレヨンを握り最初に描画として現れるのが，点や線，「なぐり書き」と言われる行動であるが，次に現れるのが形としての丸という図形である。大きな丸をかいては「ママの顔」，その横には「パパの顔」などと，丸を大好きな人の顔として，自分の感じているものを意図してかき始める。4歳半ばごろになると，目と手の協応が発達し始め，三角形や四角形をかき分けることができるようになってくる。指先を使って，自分の意図する形をかいたり，はさみを使って切ることを楽しむ姿がある。造形活動の中では折り紙という教材にも出会い，四角い紙を三角に折って，さらに三角に折りバッタをつくるなど（写真7-6）折り紙遊びも活発になってくる。年長児ともなると，折り方を教えて

もらいながら細かい物でも折ることができるようになり、四角い紙から様々な形に変化していく楽しさを味わう。そこに至るまでは、思うように折ることができなくとも、偶然にできた形を見立てて喜んで遊ぶ姿もある。その過程において、子どもたちは生活の中で出会う物には様々な形があることを知り、遊びの中で見立て遊びやごっこ遊びへと広がりを見せるようになっていくのである。

写真7-6

（1）子どもたちの積み木遊びから

事例7-5 高く、高く、上へ、上へ　満3歳児

もとなり君とりょうた君が積み木遊びをしている。満3歳の組の積み木は、柔らかい素材の積み木である。立方体や直方体、円柱など様々な形を上手に上へと積み上げていく。1つ、2つ、3つ、4つと積み上げていくと、次第に自分の背丈よりも高くなったことから、自分の席からいすを持ち出し、その上に登ってもう少し高くしようとしている。「先生、見て！」と声があがる。周りの子どもたちも積み上げるたびに高くなっていく様子を見ている。8つ目を積み上げようとした時にぐらっとして、一気に崩れてしまったが、大きな笑い声があがり、また、1つ、2つと積み上げては崩れることを楽しんでいた。

写真7-7

乳幼児期に最初に出会う積み木遊び。積み木遊びは子どもたちが大好きな遊びの1つであり、積み木は代表的な玩具である。

子どもたちの積み木遊びを見ていると、事例7-5（写真7-7）のように、上へ上へと積み上げていくことを楽しむ姿がある。同じ形を重ねていくことで高さが変化することや、面と面がバランスよく重ならないと積み

木が倒れ落ちることも体験し，積み上げることと破壊することの両方を楽しみ始める。つくってはすぐに壊すことができることも，積み木の大きな特徴の1つであろう。

　また積み木遊びは，思いのままに積み上げたりつなげたりすることで，見立て遊びへと発展していくことに楽しさがある。三角柱，円柱，直方体など様々な形を使い，横へ横へとつなげていくことで道路や橋に見立てたり，ある時は新幹線になったり（写真7-8），四角に囲んでお風呂になったり，子どもたちの思いのまま自由自在に想像の世界を広げていく。積み上げたり，つなげたりすることによって，平面ではなく空間ということを遊びながら認識していき，家庭で経験したことや，出かけ先で経験した場面を思い出しては再現し，その空間の中で見立て遊びを楽しむようになる。遊びの中で子どもたちは，生活の中の道具にはそれぞれ形があることを知り，いす，机，滑り台がどのような形なのか，四角や三角という基本的な形をもとに表現していくのである。そして，これまでは面と面とを合わせることで安定することを求めていたが，遊びが深まってくると，斜めに置いて不安定さを遊びに取り入れ楽しむようになる（写真7-9）。

写真7-8

写真7-9

（2）立体から平面へ，平面から立体へ，数学の基礎的概念の形成

　写真7-10は「恩物」という教育玩具で遊ぶ様子である。「恩物」とは，ドイツの教育家であり，1840年に世界で最初に幼稚園を開園し，幼児教育の父と呼ばれるフレーベル（Fröbel, FWA）が考案した教育玩具であり，日本では「恩物」と称されている。

子どもの成長に必要な玩具として，フレーベルが開発した1から10までの玩具である。

　この中で，第1恩物として恩物遊びの最初にフレーベルが選んだ玩具は，直径6cmの毛糸の球である。子どもたちは，ひも付きのその小さな毛糸の球を卵のように大事に手の中に入れた

写真7-10

り，ヘリコプターのように回したり，転がして遊びながら，球という形を十分に楽しむことにより自然とその形や性質を感じ取っていく。

　その後に出会う形が立方体である。第3恩物として小さな箱の中に入っている立方体は，さらに小さな立方体8個で構成されており，小さな立方体が8個で1つの大きな立方体になるという部分と全体を知り，その中の1つが欠けてしまっても元の形に戻すことができないことを知るのである。どれもが大切な1つであることを，この小さな数の世界から知っていく。子どもたちはこの小さな積み木を縦に横に組み合わせては，いすやテーブル，乗り物など，生活の中にある物に見立てて遊びを進めていく。

　また第4恩物では，同じ立方体が長い四角である直方体を重ねてできあがっていることに，また第5恩物以降では，三角柱を合わせると立方体になることや，直方体や三角柱を合わせても立方体をつくることができることも体験することになる。子どもたちは遊びの中で，形を組み合わせることの面白さに出会い，中心がある模様遊びを楽しむようになり，左右均等に伸ばしたり，放射線状に形が広がる美しい模様を描いていくようになったり，縦へ，横へ，上へと空間を存分に使いながら建築物をつくり出しては，友達同士でイメージを共有しながら，協同して遊びの世界を広げていく様子がある。さらに恩物は立体から平面へ移行し，基本図形である丸，四角，三角が色板へ，そして環や粒へ形を変化させていくため，イメージをさらに複雑な物へとふくらませることができるようになる。子どもたちは，つくっては壊し，壊してはつくりながら幾何学的な模様とも出会い，

その美しさを感じたり，年長組の子どもたちは，数種類の恩物をつなげて遊ぶことにより，立体の世界と平面の世界をつなぎ合わせ，仲間と意見を出し合い考えながら遊びをつくりだすようになってくる（写真7-11）。

写真7-11

　このように，乳幼児期における数量と図形との出会いは，子どもたちの豊かな生活や遊びの中から生まれるのであり，大人が知識として教え込むのではない。数量や図形というと大人はすぐに数を数えることができるようになることや，足し算や引き算ができることを想定しがちであるが，子どもたちにとって必要な力は，数の世界から広がる創造力であることを私たちは理解しておきたい。子どもたちがより自由に遊びを楽しむ中で，想像力，観察力を発揮しながら，創造性豊かに生きる力を育てていくのである。私たち保育者は，子どもたちの今を見据えながら，その時に必要な遊びが発展するように心がけていくことが大切となろう。

 まとめの課題

1. 子どもたちのごっこ遊びの中で，数量の世界がどのように現れるか観察してみよう。
2. 実習先の園や施設等で，子どもたちが積み木遊びをしている場面を観察してみよう。

参考文献
・金子龍太郎・吾田富士子監修：保育に役立つ！子どもの発達がわかる本，ナツメ社，2011
・玉成恩物研究会編：フレーベルの恩物であそぼう，フレーベル館，2001

第8章 日常生活の中で標識や文字などに関心をもつこと

📖 予習課題

子どもが生活する環境には，様々な形で文字や記号が存在している。子どもたちが自ら関心を示し，興味をもってかかわるための，子どもにとって意味ある環境とはどのようなものか，保育者の役割とはどのようなものか，考えてみよう。

1. 標識や文字への関心

　領域「環境」のねらいとして「身近な事象を見たり，考えたり，扱ったりする中で，物の性質や数量，文字などに対する感覚を豊かにする」，内容「日常生活の中で簡単な標識や文字などに関心をもつ」とある。また，領域「言葉」の内容の取扱いには「幼児が日常生活の中で，文字などを使いながら思ったことや考えたことを伝える喜びや楽しさを味わい，文字に対する興味や関心をもつようにすること」とある。さらには「幼児期の終わりまでに育ってほしい姿」には「(8) 数量や図形，標識や文字などへの関心・感覚」の中で「遊びや生活の中で，数量や図形，標識や文字などに親しむ体験を重ねたり，標識や文字の役割に気付いたりし，自らの必要感に基づきこれらを活用し，興味や関心，感覚をもつようになる」と示されている。様々な領域と結び付く総合的なものであるが，「遊びや生活の中で」「日常生活の中で」など，子どもを取り巻く身近な環境を通して「標識や文字に興味や関心をもつ」ことが共通に示されている。

子どもの文字や標識との出会い，興味，関心，認識などの育ちを捉え，環境の構成や援助の在り方を考えていきたい。

2．所属，場所を示す標識

事例8-1 　いっしょだね　年少組　4月

入園間もない年少組。登園しても「お母さんに会いたい」と泣いていたKちゃん。少しずつ周りが見えてくるようになったある日，自分と同じように先生のそばで過ごすお友達も同じバッジをしていることに気付く。「いっしょだね」同じ黄色いお花のバッジ（写真8-1）。「たんぽぽ組さんはたんぽぽみたいに黄色いお花のバッジなんだよ」とやさしく教えてくれた保育者の言葉に2人で顔を見合わせて，ほかの子のバッジにも目を向ける。「本当だ！」同じバッジをした同じたんぽぽ組のお友達。「同じ」がうれしくて気持ちが通い合う喜びと同時に，クラスを表す色について知り，周りに意識が向き始めたうれしい瞬間だった。

写真8-1

隣のクラスの友達は「ばら組」で赤いバッジ，いつもやさしく世話をしてくれる年長組のお兄さん・お姉さんは「まつ組」の緑色のバッジなど，クラスを示す名前や色があるということを認識していくようになり，やがて生活や遊びの中で，いろいろなマークや表示が意味やメッセージをもつということに気付いていく。例えば，登園時の朝の準備。カレンダーの今日の日を確認しながら出席ノートにシールを貼る。そして一連の朝の支度や給食の準備や片付け，帰りの準備などを示した表示を確認しながら自分でできるようになっていく（写真8-2）。

また，トイレのスリッパを並べる囲

写真8-2

2. 所属，場所を示す標識

写真8-3

写真8-4

写真8-5 〈年少組〉イラストと文字で

写真8-6 〈年中組〉

写真8-7 〈年長組〉教材も自分たちで使いやすいように

写真8-8 〈年長組〉使い方も自分たちで決めて貼り紙

みに，「脱いだらそろえて並べる」というメッセージを認識し，習慣化されていくと（写真8-3），ままごとの出入り口でも「上履きを脱いだらここに並べる」ようになってくる（写真8-4）。保育者が意図的に示した表示からメッセージを読み取り，子どもたちが自ら，生活や遊びに取り入れて生かしていくようになっていくと考えられる。

同じように，教室や園庭でも，遊具や教材，素材を置く場所を写真や絵で示すようにすると，自分たちで分類や片付けができるようになってい

く。そして，発達の段階に合わせて，意図的に絵やマークとともに文字も提示することで文字に興味をもち，物の名前や言葉が文字に対応しているという認識につながっていくと思われる（写真8-5〜8-8）。

3．社会の中でのきまりとしての標識

事例8-2 どう書いたら分かってくれるかな　年長組

　毎朝の登園時の玄関ホールは，園バスの到着のたびに，自分の教室に向かう子どもたちの波と，先に登園して園中を駆け巡り遊ぶ子どもたちが行き交うにぎやかなスペース。2学期になり，行動範囲も遊びも広がってきた年少組には，場所も広さも程よい魅力的な遊び場になってしまい，「玄関ホールでは走ると危いよ」と年長組が呼びかけていた。呼びかける目の前で年少組同士がぶつかってしまった朝，「どうしたらここで走らなくなるのかな……」困り顔の保育者に「貼り紙つくってくるよ，待っ てて！」教室に戻って紙にマジックで「はしるな！　やくそく（ひととぶつかるのでゆっくり）にする」と書いてきてくれた（写真8-9）。

写真8-9

「分かる？」「読めないんじゃない？」「まだ字が読めないお友達にどう書いたら分かるんだろう？」「こうやってストップって絵をかく？」「工事現場の入るな！　の看板みたいのにしたら分かるかな？」（写真8-10）「みんなに見えるように立てておこう！」

　ポールに棒をさしてホールに立てられた標識に年少組が集まり「ダメって言ってるね」「止まれだって」。つくってくれた年長組のお兄さん・お姉さんたちの思いとともに，標識の示す意味を理解しているようであった。

写真8-10

　ちょうど，園舎の増築工事のため，子どもたちは工事現場の標識を毎日

目にしており，興味深くも物々しい工事現場の様子と，バリケードやフェンスに貼られた標識からその意味や役割を感じ取っている。さらに年長組になると，自分たちで標識を考えてつくったり，生活や遊びに「伝える」手段としても取り入れたりする姿が見られるようになる。

4．伝える手段としての文字

事例8-3　『わくわくショー』にご招待　年長組

卒業式が近付いた3月。年長組のためにお別れ会を開いてくれた年中組，年少組へのお礼に，これまでいっぱい遊んできたこと，教えてあげたいこと，見せたいこと，得意なことを披露する『わくわくショー』を計画した。「だれが何するか決めよう」「いつにする？　年中組や年少組の予定も聞いてみよう」。ほかの学年の予定を聞きに行き，日程が決まったら，ポスターやチケット，看板もつくって大忙し！　ショーの日を楽しみに，役割や出し物の準備や宣伝，プログラムづくりにも力が入る年長組（写真8-11，8-12）。そして当日，チケットを手に，全園児がホールに集まると，司会進行係，音響係などの見事な役割分担とフォーメーションにも，コマ回しや竹馬，ダンスなど年長組だからできるレベルの高い技や出し物にも，驚きと憧れの興奮に包まれた後輩たちだった（写真8-13）。

写真8-11

写真8-12

写真8-13

事例8-4　年長組さんのように　年中組

　年長組の『わくわくショー』に招待された翌週，あの日の衝撃と感動を今度は私たち年中組が年少組に！　と意気込む子どもたちは，年長組と同じように，プログラムやチケットをつくり（写真8-14，8-15），年少組を招待した。

　「せんせい，『ゆ』はどうやって書くの？」「これであってる？」。分からない文字は一緒に書いたり，「あいうえお表」を見ながら書けるように机のそばに準備をしたりすることで，子どもたちは年長組のように「自分たちで」つくっていった。

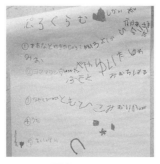
写真8-14

写真8-15

　年中組が年少組を招待した『わくわくショー』では，年長組が見せてくれたように，年少組に見せてあげたいことを相談して決め，保育者に手伝ってもらいながらプログラムをつくって，年長組と同じ場所に貼っていた。ショーまでの準備，当日のショー運営も自分たちが知っている限りの「年長組がしていた通り」に再現しようとしていた。さらに，先輩たちから2度の招待を受けて，年少組も2歳児さえもショーごっこがその日から始まり，繰り返し楽しむようになったのである。「憧れ」は意欲や学びにつながること，また，興味・関心を「私たちもやってみたい」という意欲と実現に向けて，保育者の援助は大変重要であると改めて感じた。

事例8-5　郵便局ごっこから　年長組

　お泊まり保育前から，宿泊先に質問の手紙を書いたり，返事が来たりなど，手紙のやりとりが楽しみになっていた年長組7月。お泊まり保育が終わった後は，手づくりポストにほかの手紙が投函されていたり，園内でのお知らせや質問カードなどを配達する『郵便屋さん』としてお願いされたりするようになり，配達バイクや受付までつくって本格的に『郵便局』を開設するようになっていった。配達のバイク，受付に必要なものなどをつくり進めるうちに「ここ，どうなっているんだろう？」「ほかに何があるのかな？」など，知りたい物，事が続出し，図鑑やインターネットで調べたり，家庭でも聞いてきてくれたりしたが，「本物を見てみたいよね」ということで，郵便局へ見学に出かけることになった。聞きたいこと，確かめたいことを話し合って書き出し，目的をもって出かけた年長児は，見るもの聞くものすべての情報に興奮気味だった（写真8-16〜8-19）。

　その後の郵便局，郵便屋さんの改善や，ごっこ遊び（もはや仕事）はリアリティーがかなり高いものとなっていき，ますます園内で配達バイクが行き交い，手紙のやりとりを楽しむようになっていった。

写真8-16　郵便局で見学

写真8-17　「本物だ」郵便ごっこで使っていた名札と見比べて

写真8-18　「予約表に書いてね」と受付嬢

写真8-19　子どもたちの「郵便局」

事例8-6　まだ文字にならないけど……　年少組

　お兄さん・お姉さんたちから毎日手紙が届くと，「せんせい，お返事書きたい」「こんなふうに書いて」と，年少組は，伝えたいことを先生に書いてもらって自分で絵を添えて手紙にしたり，宛て名書きを書いているつもりの封書をつくったりして投函しに行くことがうれしい（写真8-20, 8-21）。文字が書けるかどうかということより，手紙の返事を自分でつくること，伝えたいことを表現しようとしていることが大切なのであろう。

写真8-20

写真8-21

事例8-7　お手紙渡したいから

　郵便屋さんごっこが盛り上がり，手紙と一緒にやさしい気持ちが行き交ううれしい日々。郵便屋さんのSくんが「お家でせんせいにお手紙書いてきたんだよ」と配達してくれた。つい先月「文字に興味がなくて，入学するまでに書けるようにならなくても大丈夫なのだろうか」と母親から相談を受けていたのに，そのSくんが手紙を書いてくれたのだ（写真8-22）。しかも保育者たちみんなに。1文字1文字ていねいに書かれているその手紙から，またSくんからもらった内容がみんな違っていたことからも，家庭で母親と「○○せんせいには，何書こうかなぁ？」「○○せんせいがお芋焼いてくれたよ」「ママも食べたかったなぁ」などとお母さんと会話を楽しみながら，ゆったりと一緒に手紙を書いている光景が目に浮かんだ。翌日，「毎日手紙を書きたいようで，一緒に『あいうえお表』を見ながら書く時間が私も楽しいんです」と母親が話してくれた。

写真8-22

幼児は安心できる関係性の中で，温かなかかわりと言葉のやりとりを通して，文字への興味や表現したい意欲が育まれるように思う。

　また，幼児の文字への興味・関心の状況は個人差があり，その意識や認識の仕方も様々であるが，その子の必要感や興味に応じて，文字を使って表現する楽しさを感じる経験を重ねることができるように援助していくことが大切である。

5．小学校以降の学習の基盤として

事例8-8　『小学校見学会』から　年長組

　年長組は，3学期になると進学先の小学校の『学校見学会』に参加する。校内を案内してもらい，1年生の授業を参観したり，生活科の授業を体験させてもらったりもする。学校見学会で素敵だなと思ったことや，してもらってうれしかったことなどを報告し合い，遊びや生活，当番活動にも自分たちで取り入れるなど期待が高まっていく様子が見られる（写真8-23，8-24）。

写真8-23

写真8-24

　授業形態や皆の前で発表していたこと，自分たちで調べたことをまとめてドキュメンテーションにしていたことなど，すべてが「憧れ」なのである。
　その後繰り広げられた「がっこうごっこ」や「じっけん」そして「はっぴょう」などの遊びや活動を通して，「友達と一緒」だから「楽しく」興味をもち，文字を読んだり書いたりする様子がうかがえる。さらに，「こおりのじっけん」では，実験していた氷を友達が知らずに触って壊れてしまったことから「さわ

らないでね」の貼り紙をすることにしたように，その必要感から，皆に伝える手段としても文字で表現していた（写真8-25，8-26）。そして，このような身近なモデルである年長児がつくった文字環境に触れ，ほかの園児の興味・関心につながっていくのだろう。

写真8-25　　　　　　写真8-26

　文字や文章を使って表現をしようとすることが増えてくると，正しい文字や書き方なども気になるが，まずは，文字を使って伝えたい気持ちを十分に受け止めていきたい。そして，生活から切り離して指摘したり教え込んだりするのではなく，自分たちの必要感から文字を読んだり書いたりする楽しさを感じる経験を重ねていくことを，大切にしていきたい。

　幼児期に興味や関心を十分に広げ，数量や文字にかかわる感覚を豊かにできるようにすることが，小学校における学習にとって生きた基盤となるのであろう。そして，小学校以降において，文字に関する系統的な指導が適切に行われることが保護者や小学校関係者にも理解されるように，さらに働きかけていくことが求められるのではないだろうか。

 まとめの課題

1．幼児が文字・標識に興味・関心をもち，表現したくなるような保育環境の工夫や留意点について考えられることをあげてみよう。
2．保護者から「園で文字をもっとしっかり教えてほしい」と言われたら，あなたはどのように答えるだろうか。

第9章 生活に関係の深い情報や施設などに興味や関心をもつこと

予習課題

1. 子どもたちの生活に関係の深い施設が、子どもの育ちにどのような意味をもっているのかについて考えてみよう。
2. 情報化社会の中で生きる子どもたちにとって、情報を活用した子どもの遊びについて考えてみよう。

1. 情報化社会の中で生きる子どもたち

　近年，子どもたちの生活環境は目まぐるしく変化し，親世代が過ごしてきた環境と比べても，その差は目を見張るものがある。その中でも情報機器は，便利さを追求してきた結果，扱う人間の心が試されていると言っても過言ではない。大人の生活環境において携帯電話やパソコンは1人1台が当たり前の時代であり，使用方法を間違わなければ生活を豊かにしてくれる便利な道具である。しかしながら，社会の仕組みを俯瞰することが難しい年齢であればあるほどその弊害は顕著に現れ，日常生活に支障をきたすこともある。乳幼児期は自身で扱う機会は少ないものの，周りが使用することによる間接的な影響もあり，脳の発達をはじめとする，人としての成長に何らかの弊害があることも否めない。

　そのような時代の変化はさらに加速し，私たちが想像できないこれまで以上の情報化社会がやってくることを考えると，今を生きる子どもたちに必要な経験を，しっかりと保障することが求められるだろう。特に，生活に必要な情報を自らの目や耳で捉えるなどの直接的な体験は，生涯にわた

る生きる力の基礎となるため，情報機器等によるバーチャルな体験ではなく，五感を使った生きた体験を，保育計画に意図的に落とし込む必要がある。乳幼児期にこそ原体験としての学びが豊かになることを願い，園内にとどまらず，広い視野で保育を計画することが大切である。

（1）生活に関係の深い情報や施設

　子どもたちは生活に関係のある情報を「テレビ」「インターネット (SNS)」「ラジオ」「新聞」等のメディアを通して知り，子どもなりに生活の中で使ったり，遊びに取り入れたりしている。特にニュースや天気予報等は，子どもにとっても身近な情報であり，家庭の中の話題として共有することで，家族がつながり合うコミュニケーションツールの役割を果たすこともある。また，近年はスマートフォンの普及がかなり進んでいるが，多岐にわたる機能があるスマートフォンは便利な反面，使用方法を間違うと子どもにとって弊害が生じる場合もある。一方で，災害が多いわが国にとっては，スマートフォンの緊急速報等の情報が役に立つケースもある。それは，子どもたちの命を守るための情報と言っても過言ではない。

　下記は，子どもたちが災害を経験し，その中で得た情報が地域の施設見学の際につながり，実感を伴って生活経験として蓄積された事例である。

事例9-1　社会見学〜地域の防災センターを見学して〜　年中組　10月

　園バスで防災センターを訪れ，暴風・地震体験や火の用心のDVDを鑑賞した。暴風体験は風速20m。少し前に子どもたちが経験した強風と重ねて「風が強いと息ができないね」「飛ばされそうになっちゃうよね」「木も倒れたよね」と，経験したからこその会話が聞かれた。また，震度3の地震体験は携帯電話の緊急アラームが鳴り部屋が揺れ始め，クッションで頭を保護するのだが（写真9-1），「揺れるの怖いからやらない」と嫌がる子がいた。地震後のニュースで山が崩れたり，傾く家を見たり，停電により信号がつかなかったり，懐中電灯で夜を過ごしたり，マンションが断水で公園に水を汲みに行ったりと，生活に支障が出たことを覚えており，不安な気持ちがあったようだ。

　だが，最後には消防車を間近で見て，運転席に乗せてもらい（写真9-2），普段から皆を守るために働いている人がいることを実感することができた。

　　　　写真9-1　　　　　　　　写真9-2

　見学の約1か月半前，子どもたちは大型台風による暴風被害と大地震による数日間の停電を経験していた。震災直後は大きな音に敏感に反応したり，不安定になる子もいたが，時間とともに子どもたちは日常を取り戻していった。

　この見学は恐怖をあおるのではなく，何かあった時どうしたらよいのか……近くの大人を頼る，大人が守ってくれるという安心を得るための見学でもあった。もちろん，園内でも避難訓練を実施している。これは，いざという時，あわてず避難するための経験であり，保育者にとっても，その時の判断等を確認することができる大切な機会である。災害を経験した子どもたち（保護者たち）だからこそ，自分のこととして受け止めることができた社会見学となった。

　また，日常の生活の中でしばしば耳にする消防車のサイレンの音は，緊急時に自分たちの生活を守ってくれる役割を果たしていることが分かり，安心して生活を送るために必要な施設が，身近に存在することに気付くきっかけにもなった。

（2）地域社会と保育

　子どもにとっての生活は，大きく分けると「園で過ごす時間」と「家庭で過ごす時間」があり，どちらも子どもの成長に欠かすことのできない大

切な時間である。また，子どもの生活環境は，園を取り巻く地域社会と，各家庭を取り巻く地域社会があり，どちらも子どもにとって暮らしを支える大切な地域社会と言える。

　地域には，遊び場としての「公園」「児童会館」「体育館」，食を支える「スーパーマーケット」「コンビニエンスストア」「飲食店」，暮らしを守る「交番」「消防署」「病院」「役所」「郵便局」，文化に触れる「図書館」「博物館」「動物園」「水族館」「美術館」「科学館」，そのほか「神社」「お寺」「教会」等々，私たちの生活を支えてくれる必要不可欠な場所がいくつもある。そのような生活に密着した場での経験がきっかけとなり，「お店屋さんごっこ」「警察ごっこ」「郵便ごっこ」「病院ごっこ」などのごっこ遊びが展開されることもある。生活に関係の深い身近な題材を用いた遊びは，子ども同士がイメージしやすく，遊びが深まり面白くなりやすい。そのような遊びから得た経験を，あらゆる生活場面において生かすようになる。地域社会に目を向けると，子どもの遊びが豊かになる環境資源が多数あり，地域社会と保育は相互に関連し合いながら，子どもの成長に深い意味をもたらし，生涯にわたっての生きる力の基礎を培うきっかけとなる。

　子どもの遊びが広がり，深まるために，園内だけではなく地域の施設等を生かして，子どもの生活経験が豊かになるような保育実践を紹介する。

事例9-2　公園に秋を探しに出かけよう！　年中組　10月

　幼稚園にはないどんぐりや松ぼっくりを求めて，園バスで近隣の公園に出かけた。子どもたちはどんぐりが落ちていないか足元を見ながら歩いていると，湿った葉と乾いた葉の，踏んだ時の音の違いに気付き，何度も踏んで楽しんでいた。そして，大きい葉やきれいな色の葉を見つけては大切に袋に入れる様子も……。どんぐりの木の下に着くと夢中になって拾い始める（写真9-3，9-4）。「太ってる」「やったー！　ラッキーどんぐり（帽子付きどんぐり）」「双子だー」と珍しいどんぐりを見つけるたびに，伝えたい気持ちを表現する子どもたち。持ち帰った葉っぱやどんぐりは，製作の材料として使うことにした。『壁掛け』，『ネックレス』，廃品と合わせて『動物』等々，一人一人違う作品になり，素材によってはボンドよりもグルーガンの方が付きやすいことに気付き，友達に教える姿も見られた。

1．情報化社会の中で生きる子どもたち　89

写真9-3

写真9-4

　インターネットや図鑑では，種類を調べたり知識を深めることはできるが，感触，においを感じることはできない。しかし，木から落ちていく葉っぱを見て風を感じたり，下にある葉っぱの方が湿っていることに気が付いたりすることは，実際に自分が経験することで感じることができる。情報の収集としては便利なインターネットだが，実体験で感じるものの方が心に残ることが多いため，実際に"触れる""感じる"等の経験を幼児期に積み重ねていきたい。

事例9-3　栽培〜じゃがいもを育てよう〜　年長組　5月

　クラスで何を育てるか話し合い，「やっぱり食べられるものがいい！」「皆で食べられるくらいたくさん育てたい」と意見が出て，話し合いのもと"じゃがいも"に決定した。しかし，そこで大きな問題が発生した。幼稚園には畑はなく，毎年プランターで育てることができるものを考えてきたため，「畑がなくてもじゃがいもは育つのか？」の問いについて調べることになった。数日間にわたって，家でインターネットや図鑑で調べてきて皆に伝えようとする姿が見られた。やはりプランターでは難しいことがわかると，次に園長先生に「畑をつくりたい‼」と交渉する。そこでOKが出るとすぐに，バスの先生に相談に行き，「じゃいもを育てたいから畑をつくりたい」と自分たちの思いを伝えた。家庭菜園に詳しいバスの先生が園庭を見渡し場所を考え，畑づくりに協力してくれることになった。次に，子どもたちは「種芋はどこに売っているのか？」「種類は？」「値段は？」等々，いろいろなことを調べ（写真9-5），実際に休日を利用してホームセンターや大きなスーパーで見てきた子が情報を伝え合

い，クラス皆で買いに行くことになった（写真9-6）。いつごろ植えるとよいのかアドバイスをもらい，時期になった天気のよい日に土の中に種を入れ，そっとかぶせて芽が出るのを待った。

　すぐには芽が出てこないため，植えたことを知らない２，３歳児が土を掘り起こそうとしている姿を見て，注意を呼びかける看板を設置し，直接「じゃがいも植えてるから！」と伝えようとする姿が見られた。そのようなことが保護者にも広まり，来園時に子どもと一緒に生育状況を気にかけるようにもなる。実家で農業を営んでいる保護者の方から，"間引き"や"できごろ"を教えてもらい，見通しをもってじゃがいもが育つ過程を楽しみながら待っていた。

写真9-5

写真9-6

　自分たちの"やりたい"をかなえるために周りの大人たちに協力してもらい，畑をつくるところから始まった栽培活動。「ないからできない」ではなく，「どうしたらできるのか？」前向きな思考を働かせたのは担任の配慮であり，保育の力である。分からない情報はインターネットを使ったり，家族を巻き込んで実際に店に足を運んだり，どのように情報を集めればよいのかを学んでいる。子どもの気持ちに向き合い，一緒に考えてくれる大人の存在が大切である。

事例9-4　さくらんぼを採りに行こう！　全学年　7月

　ある日，在園児の保護者から「庭にたくさんのさくらんぼがなっているので，園児の皆さんで採りに来ませんか？」と声をかけていただいた。その保護者の自宅は幼稚園から歩いて数分の広い寺の敷地内にあり，大きな２本のさくらんぼの木に実がなっていたのである。そこで，朝の自由活動の時間に子どもたちに声をかけ，希望した子どもたちを連れて出かけた。

　寺の入り口に着いた時，駐車場を管理している方々が，車の事故がないようにと誘導をしてくれ，しばらくすると庭に到着した。玄関から，連絡をくれた

母親が出てきて，住職である父親も子どもたちの前に現れた。「おはようございます」とあいさつを交わすと，どのあたりにさくらんぼがなっているかを一緒に探してくださった。「あ！　あそこにある！」「本当だ。採ってこのボウルに入れようか」とたくさんの実を夢中になって集めた（写真9-7）。しばらくすると，子どもたちは木の横にある石像に気が付いた。周りには水がたまっており，子どもたちは興味津々。住職は「その像に柄杓で水をかけ，近くにあるブラシできれいに磨くと，磨いたところがよくなるって言われているんだよ」と教えてくださった。すると子どもたちは，ブラシで頭やからだを一生懸命磨き，水をかける。

あっという間に帰る時間となり，「お邪魔しました」「ありがとうございました」とあいさつをして帰園した。

写真9-7

園と家庭がつながり，園と地域がつながる。時には保護者の職業を生かして園の保育に参画することもある。人とのつながりは生活経験を豊かにするきっかけとなるため，保育の場面において子どもとどのように出会わせるかを，保育を計画する際に念頭に置く必要があるだろう。

2．行事を通して育つ子どもたち

園には，季節行事をはじめそれぞれ特色ある行事があり，子どもたちはそのような機会を通して成長・発達に必要な経験を積み重ね，日常生活や遊びのあらゆる場面において，その経験を生かして楽しんでいる姿が見られる。反対に，日常生活や遊びを通して積み重ねた経験が，行事の場面において発揮されることもある。よって保育を計画する際は，「遊びの場面での育ち」「生活場面での育ち」「行事を通した育ち」のように，子どもの育ちを区切ったり，分けたりして考えるのではなく，あらゆる場面において育ちが重なり合うことを念頭に置きながら，目の前にいる子どもにとって必要な経験を吟味する必要がある。行事の捉えとして，「例年通り当たり前のように行っているから」ではなく，1つの行事を通してどのような

経験をすることができ，"育ち"として積み重なって成長を遂げていくのかを予測することも，行事を計画する際に意識したいものである。

事例9-5　敬老の日（社会見学）　年長組　9月

　9月の敬老の日にちなみ，老人ホームを訪問することにした。訪問日に向け，「おじいちゃん・おばあちゃんにどのようなことをしてみたいかを考えてみよう！」と投げかけた。「何かをプレゼントすると喜んでくれるかな？」「一緒にクイズをするのはどう？」と意見が出る。話し合った結果，メッセージ付きの折り紙の花と歌をプレゼントし，クイズを出すことに決まった。好きな色の折り紙で花を折り，ストローの茎を付けると，花の裏に「ながいきしてね」「いつもありがとう」「げんきでいてね」など，会ったことがないお年寄りを思い浮かべて，それぞれの思いを書いた。またクイズは「分かりやすい内容がいい」「3択で答えを選べるようにしたら分かりやすいのでは？」と意見が出る。グループでクイズを考え，読み上げる子，文字で表したボードを持つ子を決め，準備を進めた。

　いよいよ当日を迎え，老人ホームに足を踏み入れると，お年寄りが手をたたいて迎えてくれた。向かい合ってあいさつをすると拍手が起こり，さっそくグループごとにクイズを出すことに。「幼稚園には何クラスあるでしょうか？」「1番6クラス，2番7クラス，3番8クラス，さあどれでしょうか⁉」「1番だと思う人……」と，手をあげてもらい，正解を発表すると喜びの声があふれる。

　その後，お年寄りが数日かけて折ったという折り紙のコマがプレゼントされた。子どもたちは「ありがとうございます」と大興奮。それを見たお年寄りもほほえむ。子どもたちからもプレゼントを準備してきたことを伝え，メッセージの付いた花と歌を贈ると，涙を浮かべうなずいて聞き入ってくださった。最後にお年寄りの間を通って一人一人とあいさつを交わし，そこで訪問は終わりとなった（写真9-8，9-9）。

写真9-8

写真9-9

帰りのバスで訪問の感想を聞くと,「喜んでくれた」「一緒に遊んだのが楽しかった」「車いすに乗った人もいた」「手がしわしわしていた」「歌の時,泣いていた」などの声があがった。

　会ったことのない者同士がお互いに思いを寄せ,相手に喜んでもらえるようにと考えることが豊かな時間を過ごすことになり,また様々な人々の生活を感じることができる貴重な体験となった。

> **事例9-6**　十五夜お月見だんご　年中組　9月
>
> 　年中組のSくんは「お月見いつなの？」「おだんご食べないの？」と,9月に入ってから何度も話していた。Sくんは転入園児で,昨年通っていた幼稚園でお月見のイベントがあり,楽しかったことを覚えていたのだ。「お月見はどんなことする日なのかな？」「お月様見ながらおだんご食べる日だよ」「どうしておだんご食べるのかな？」「……」「少し調べてみようか？」。Sくんは家でお母さんに聞いてみることになり,保育者は由来等を調べた。Sくんは「1回家に戻って,夜また幼稚園に集まった」「お菓子もたくさんあった」と昨年のイベントを話してくれた。保育者は「1年の作物の収穫をお月様に感謝する日」「おだんごやススキをお供えする」ことを話し,だんごの積み方はどうなっているのか粘土で試したり,知り合いの方からススキを分けてもらったりし,当日を迎えた。朝の自由活動の時間に園庭のかまどで湯をわかすかたわら白玉だんごを丸めていると,興味をもった子どもたちが集まってきた。Sくんも自分の発信でかなったこのイベントを「お月見だんご食べませんか〜」と宣伝し満足げ。日本の伝統行事の大切さを子どもから発信してもらうきっかけとなった（写真9-10, 9-11）。
>
>
>
> 　　写真9-10　　　　　　　写真9-11

子どもは，"楽しかった"という思い出からやってみたいと話してきたが，そこには由来を伝え，次世代につなげていく役割もあると思う。また友達に発信できるような環境を一緒に考えていくことも，保育者として大切な役割である。

事例9-7　お泊まり会　年長組　7月

　毎年7月に行われるお泊まり会は，幼稚園や地域，社会に興味や関心をもつことをねらいとして，周辺の施設を利用しており，お世話になる施設がどこにあるのかを調べ，クラスで地域探索に出かけている。また，お泊まり会の2日目にやってみたいことを考え，公園で遊びたいという意見も出たため，どの公園に出かけるのかも計画し，探索のルートに入れた。

　6月中旬，幼稚園周辺の地図が書かれたカードを首にさげ，地域探索へ（写真9-12，9-13）。この日は銭湯と買い物をするスーパー，出かける際に利用する地下鉄の駅を見に行くことが目的であった。最初に銭湯を目指して進んでいくと，まず目に入ったのはガソリンスタンド。奥で仕事をしている人が見え，自然と「こんにちは〜！」と声が出る。スタンドの方もそれに応えるように手を振ってくれた。さらに進んでいくとパン屋さんがあり，お話を聞くことに。市内の小学校に給食用のパンを卸しているという。「またおいで！」と言ってくださる店主と，タッチをして別れた。

　道中，「あ！　ここのお寿司屋さん，行ったことあるよ！」「向こうのお寺に鬼（不動明王）がいる〜！」と友達同士の会話も盛り上がる。工事現場の前を通った時には，「何をしているんですか？」との質問も飛びだす。「今ね，水道の工事をしています」と教えていただき，「お仕事頑張ってください！」と言ってその場を後にした。

　いよいよ銭湯に到着。営業時間前のため中には入れなかったが，地図を見ながら場所を確認したり，何時に営業が始まるのかを調べたりした。「銭湯の人いないね」「中はどんなふうになっているのかな？」と入り口のガラスをのぞき込んで興味がわいてきたようだ。

　お泊まり会の夕食の下ごしらえは子どもたちが担当する。その食材も自分たちで調達するため，スーパーがどこにあるかを見に行ったり，地下鉄の乗り場を確認したりしてこの日の探索は終了した。

　お泊まり会当日は，「自分たちで行き先を決めた科学館や水族館に向かう地下鉄でどう過ごしたらよいのか？」など，マナーについて考えたり，スーパーではグループごとにバックヤード見学で働く方々の写真撮影やレジ打ち体験，

値段や個数を考えながら食材を選んだりと,大変楽しい時間となった。また,銭湯の中に実際に入ってみて,ご主人からお土産をいただいたり,写真撮影をしたりして触れ合うことができた。

写真9-12

写真9-13

　その後,9月の園祭で年長組が取り組んだ共同製作のテーマは「地域」。このお泊まり会を通して見てきた施設,友達との会話,地域の方との出会いがヒントになっている。もう一度調べたいという思いがある施設は,2回目の地域探索に出かけた。

　見ず知らずの方との出会いの場を設けるきっかけをつくることで,地域の方とのつながりが生まれ,日常では経験できない"豊かな体験"が広がっていく。幼稚園もこの地に根付き,地域へ何かしらの還元ができればと思っている。

 まとめの課題

1. 自分の住んでいる地域に,子どもが興味や関心を抱ける環境資源があるかを調べ,それを生かした保育計画(指導案)を立ててみよう。
2. 園と地域社会との連携・協力の意義について,互いに考えを出し合い,話し合ってみよう。

第10章 日常生活の中で文化や伝統，行事等に親しむこと

予習課題

1. 乳幼児期に体験した園行事を書きだしてみよう。どのようなことを覚えているだろうか，何が楽しかったり，嫌だったのだろうか。
2. 園行事のうち，自分の家でもやっていた（あるいは，今もやっている）行事はあるだろうか。その由来を調べよう。
3. 廃れてきたと思う伝統や文化をあげてみよう。

1. 様々な行事と保育

　私たちの日常生活に様々な行事があるように，園生活にも入園式から始まり，卒園するまでに様々な行事がある。運動会や遠足，夏祭り，発表会・造形展。園によって呼び方は異なるだろうが，園生活の最終年度に，園や宿泊施設に一晩泊まってクラスの仲間と過ごす（あるいは，泊まらないまでも夕食を食べ，夜遅くまで楽しむ）ような，成長の節目に位置付けられているものもある（例：お泊まり保育）。行事は，1日だけの特別な日でも，そこへ向けての準備の日々が放つ期待感やはなやぎは，共に生活している年下の園児もなんとなく目にして育ち，内容・やり方も含め各園の文化となっていく。保育現場は多忙だが，行事を通して感じられる子どもの成長や手ごたえが，忙しくてもやっていこうという原動力になる。

　そのほか，私たちの生活の中にある折々の季節の行事で，園でも行うものもある（例：端午の節句，十五夜，節分，桃の節句）。その地域でかつては小学生が担っていたが，放課後の塾などに時間が割かれ，廃れてしまった

ものを園で担うこともある。暦上の母の日，父の日，敬老の日なども，園行事として，母や父へのプレゼントをつくったり，来園してもらって楽しく過ごす，自分の祖父母だけでなく，地域の高齢者とのかかわりを計画することもある。ほかにも，虫歯予防デー（6月4日），時の記念日（6月10日）などを取り入れている園もある。また，地域の祭りや伝統行事と絡んだものもあれば，地域の橋の竣工式に参加を求められるような突発的な依頼もあり，地元との関係から参加するというようなこともある。

こうした園内外で行われる行事へのかかわり，そこでの体験は，日常保育とは異なる様々なものをもたらすが，園での日々の多くは，子どもの記憶にはほとんど残らない。その中にあって，園で一番楽しかったことは何かという問いに，年長児と思しきころの記憶として行事があがることが多いのも，特別なものであるからだろう。

行事は，日ごろの保育にメリハリをもたらしてくれるだけでなく，私たち大人が日本人として，地域住民として伝えたい，培っていきたいものなどもある。だが，すべての行事をできるわけではない。ほぼ毎月何かしらある行事に振り回されたり，形や見栄えを重視して子どもが抜け落ちてしまうようなことに陥りやすい。何を取り上げて何を取り上げないのか，園で行うことで子どもに伝えたいことは何かなどを，職員間で共有しながら実施の有無や在り方を考えていく必要がある。次年度の長期・短期の指導計画立案の際には，当年度の行事の保育内容としての意味・子どもにとってどうか，行事の数・実施時期・具体的な手順などを検討し，取捨選択して実施することが大切である。

2．文化や伝統，行事等に親しむことの大切さ

乳幼児も園生活の中だけにとどまらず，わが国や地域社会における様々な文化や伝統，行事に触れて生きている。また，最近では，日本で仕事をする外国人も増えている。当然，彼らの子どもたちが入園することも多くなり，そうした外国人の子どもに触れることは，それまで知らなかった

表10-1 領域「環境」に見る文化や伝統，行事の記述

	内　　容	内容の取扱い
1歳以上3歳未満児	・近隣の生活や季節の行事などに興味や関心をもつ。	・地域の生活や季節の行事などに触れる際には，社会とのつながりや地域社会の文化への気付きにつながるものとなることが望ましいこと。その際，保育所／幼保連携型認定こども園内外の行事や地域の人々との触れ合いなどを通して行うこと等も考慮すること。
3歳以上児	・日常生活の中で，我が国や地域社会における様々な文化や伝統に親しむ。 ・幼稚園（保育所／幼保連携型認定こども園）内外の行事において国旗に親しむ。	・文化や伝統に親しむ際には，正月や節句など我が国の伝統的な行事，国歌，唱歌，わらべうたや我が国の伝統的な遊びに親しんだり，異なる文化に触れる活動に親しんだりすることを通じて，社会とのつながりの意識や国際理解の意識の芽生えなどが養われるようにすること。

※1歳以上3歳未満児は，保育所保育指針，幼保連携型認定こども園教育・保育要領の記述から，3歳以上児は幼稚園教育要領，保育所保育指針，幼保連携型認定こども園教育・保育要領の記述による。（　）内表記は，保育所／幼保連携型認定こども園順。　　　　　　　　（作成・太字筆者）

国，そこに生きてきた人々を通して，わが国とは異なる文化・生活様式や伝統に触れることであると同時に，それとは異なる自分の国とその文化を意識する機会でもある。このことは，入園してくる外国人の子どもにも言える。幼稚園教育要領，保育所保育指針，幼保連携型認定こども園教育・保育要領には，表10-1に見るように，そのことの大切さに触れている。

3．保育の中で子どもが体験する文化や伝統，行事の実際

園生活で，子どもがどのように文化や伝統，行事に親しみ，何が育っているのか，保育者はどうかかわっているのかを，事例で見てみよう。

(1) クリスマス

事例10-1　キリスト教主義の幼稚園（2年保育）で　11月26日

来週はいよいよ12月。園内も，芋のツルを親子で丸めてつくったクリスマ

> スリースが、木の枝にディスプレイされたようにセンスよく飾り付けられ、アドベント（待降節：クリスマス前の4週間）の雰囲気を醸しだしている。キリスト教主義に基づくこの園では、毎年5歳児がイエス・キリストの生誕劇をする。建学の精神に基づく大事な行事である。今日は、それに向けて、初めて配役を決める。保育者は、園の入り口に飾られたアドベント・クラウンに注目させ、「みんな気付いたかな。見て、キャンドルが3本になったのよ。キャンドルが4本になるとクリスマスよ」と、クリスマスが近付いてきたことを話題にする。子どもたちは口々に、「うん」と力強くうなずく。まず自分がやってみたい役（マリア、ヨセフ、ガブリエル、兵隊、宿屋、羊飼い、博士、星）を言う。マリアになりたい子は1人、一番人気は博士で5人！ こんなに人数はいらないという役も保育者は受け止め、役の横に希望者の名前を書き、気持ちが変わったら言ってねと終わった。帰りの会では、配役を変えたい子が出てきたところを伝えていた。「○ちゃんにぴったり（の役）！」という声も出た。

　クリスマスは、現代の子どもには最もなじみが深く、サンタクロース（保護者など）からプレゼントも届くとあって、心がワクワクする行事である。プレゼントやケーキ、ご馳走という商業主義に絡めとられていても、多くの子どもに楽しみな行事として園にも定着している。仏教の園でもクリスマスはやるというところもある。

　事例10-1のように、キリスト教が建学の精神である園では、クリスマスは、朝の会や帰りの会、食事の前の祈りで日々その精神を具現化している、根源にある大事な聖なる行事である。4歳の時に見た劇をイメージして希望を言っていると担任は言う。入園して初めて見た生誕劇は、日常とは異なる静粛さを心に刻んだのだろうか。「○ちゃんにぴったり（の役）！」（点線）は、役と人の双方にイメージがあることが分かる。この園でも、キリスト教に関係ない節分など、日本古来の行事も行う。

　ある公立園では、地域にある2つのロータリークラブが毎年別々の日に園児にプレゼントを持って来園する。保育者のアイデアで、それぞれのロータリークラブは南の国のサンタと北の国のサンタと名付けられ、子どもたちは心待ちにし、「お姉さんサンタはいるのか」「なぜそりに乗ってくるのか」「どうして、煙突から入るのか」など、各年齢でサンタさんに聞い

てみたい質問を考えながら心待ちにしている。11月に入ると，その日を迎えるために，少しずつ準備をする。散歩では，ツルを採って帰り，クリスマスのリースをつくるという目的も加わる。公立園では職員異動があるが，毎年のことなので保育者間で伝達された場所があり，子どもたちは「これはー？」と聞き，保育者は「うーん，いいねー」と返したり，「あっちの赤い実の付いてるの，手が届くといいけどねー」などと促している。

　クリスマスリースはツルでつくらなければならないわけではない。だが，周囲の自然に囲まれたこの園では，こうして，葉の落ちたころのツルを採りに来る。クラスの製作活動でツル以外の素材で個々につくっても，園のものとして玄関やホールに飾るものは山で採ってきたツルをアレンジする。新年には，飾りを金や銀のスプレーをかけた松ぼっくりから，南天の実や松などに付け替えて，ツルはそのまま利用する。その中で子どもは，（伝統）行事だけでなく，身近な自然環境を生活に取り入れることで暮らしが豊かに彩られ，気分よく生活できる，物を大切にすることや，ちょっとした手を加えて工夫するだけで違ったものに生まれ変わって，また新鮮に感じられる，ということを体感している。

事例10-2　クリスマスが終わって　12月26日

　私が，「サンタさん来たかな？」と言うと，「ウン！　来た！」と口々に言う子どもたち。A子（4歳児）は「サンタさん，いろいろなものくれるから，A子もサンタさんに，チョコとクッキーと牛乳くれた（あげた）。そしたら（朝目覚めるとプレゼントがあって）クッキーは食べていて，チョコは紙があった。牛乳は残していた」と話してくれた。

　サンタクロースは，夜自分が眠っている時に，そっと枕元にプレゼントを置いていくので会うことはできないが，子どもにとっては実在している。A子はサンタさんにもらっているばかりでは悪い，プレゼントを持ってやってきてくれることをねぎらい，もてなしたい，何かお返しをしたい（あるいは，しなければ）と考えている。家庭でも，サンタクロースの存在を信じる子どもの心を受け止めて，どこかにちゃんと存在しているらしき

演出をやってあげているようだ。この時期ならではの親子のかかわりだ。河邉[1]は、「サンタさんの真実」を子どもが知る時がきたとしても、そこは空き屋にならず、次に、子どもたちが愛し信じる人が住む。サンタを信じる心は、これからの人生で出会うたくさんの人々を信じ、愛する心につながっていくという、松岡享子（児童文学者）の捉え方を紹介している。

（2）お正月など

> **事例10-3** 年内最後の保育　12月28日
>
> クリスマスが終わってコマを出した。ひもを巻くのが難しいという４歳児。５歳児は、昨年もやったので、回っているコマを少し厚い紙ですくい取って、友達の紙の上に移すなど、なかなかの技を見せる。２月、節分が終わると、園でコマ回し大会がある。５歳児クラスの壁面に来年の干支・イノシシの形に切り抜いた色画用紙に願いが書かれた紙が貼ってある。絵が上手になりたいなどもあるが、ほとんどの子が「ながいきゴマ（長く回る）、がんばりたい」である。延長保育でも、百人一首、トランプ、大型かるた、UNOなど、普段はないカード類を楽しむ子どもの姿がある。

事例10-3のように、季節や状況に応じて保育者が子どもに経験させたいものを環境として用意すると、見慣れた園の状況が変容し、その遊び空間のメリハリは、子どもの気持ちに躍動感をもたらす。現代社会で失われていきつつある季節感を、そこでの遊びの内容とともに伝えていく。

ほかにも、敬老の日に、あるいは定期的に地域のお年寄りを招いたり、老人福祉施設を訪問して触れ合う中で、昔の遊び（例：けん玉、お手玉、あやとり、わらべ歌、手遊び）を教えてもらうなどの交流をしている園もある。また、小学１年生の「生活」の授業で地域のお年寄りから昔の遊びを教わり、今度は１年生がそれを地域の保育園の年長児に教えに行くという形で連携している小学校もある。核家族、祖父母がいても別家族、遠方で日常的に触れ合う機会のない子どももおり、地域のお年寄りとかかわるだけでなく、昔の遊びが伝承され、遊びの幅が広がっていく機会でもある。

事例10-4　餅つき　4,5歳児（2年保育の都内公立幼稚園）　12月

　毎年，保護者会主催で餅つきをする。杵と臼は園にある。いつも来てくれる町会長さんは臼の近くにどっしりと腰かけ，お父さんたちに杵と杵の合わせ方を脇から伝授する。全園児が一度は子ども用の杵で「ぺったんこー」とつく。
　蒸したもち米のにおいが漂う中，お父さんたちがつく餅を「ヨイッショー！」の掛け声とともに囲んで見ている4歳児。「もうできたかな」の声もある。昨年は，餅になる前の段階のもち米を皆に一口ずつ味わわせた。だが，衛生・安全への保健所の指導が年々厳しくなり，今年は，4人ずつ臼の近くに寄ってのぞいて見る（もち米の状態を見る）だけにしたと園長先生。前任園はこども園だったので，3歳児もいて餅つきを見る，3歳未満児は餅よりものど越しのよい白玉だんごにしたと話してくださった。
　初め練習用についた餅は，丸めてかたくり粉をまぶし，鏡餅にできあがった。その餅を園長先生が，「あんな粒々なのがどうしてこんなになるんだろうね」と，子どもたち一人一人に見せて歩いて皆に触ってもらう。子どもたちからは「サラサラだよ」「パンみたい」の声が聞かれた。各クラス3～4人ずつの役員さんが，隣のスペースで，小さく丸めて，磯辺餅ときな粉餅をつくる。本日水曜日は，半日帰りでお弁当はない。10時30分～11時に，少し早い昼食代わりに皆おかわりして食べた。
　父母の会会長さんによると，年々，手伝いの父母を集めるのはたいへんになっているそうだ。しかし，今年も，各クラス4人のボランティアと役員で総勢30人以上の人が，子どもたちのために集まった。
　先週入園したばかりの中国人B子は，全く日本語が話せなかった。先生たちは意思疎通に困っていたらしく，私が連れていった学生が中国人だと知り，彼女に急きょ通訳を頼んだ。学生が餅つきの進行に合わせて説明すると，B子は「もうできたんじゃない？」など，臼をのぞき込もうと背伸びをしながら学生と話しだした。その様子に園長，担任はじめ保育者たちは，「あー，やっぱり話したかったのねー」と安どの胸をなで下ろした。B子は，おそらく一度説明すれば相当のことが理解できると思うので，初めて体験する誕生日会など，ボランティアで今日のように説明してもらえないかと学生は頼まれて帰った。

　杵と臼で餅をついて正月準備をする家庭は皆無に近いだろう。しかし，餅つきは少なくなっていると言っても，日本の伝統として取り組んでいる園もある。事例10-4のように，父母の会主催で園児の父母たちがやっている，子どもが地域の餅つきに参加させてもらったり，町会の餅つきに招

かれる，地域の方が園にやってきてついてくれる（本シリーズ『演習 保育内容 人間関係』事例14-1参照）など様々だ。せっかくの楽しい行事，多くの人の口に入れるものの衛生・安全という点では，責任の重みがあることを園長の言葉は示している（点線部）。短時間でも杵でつく体験をさせたい，鏡餅なら直接触らせられる（できればもち米段階で一度口に入れ味わわせたいが），せめて近くで実際に餅になる前の段階を見てほしいなど，わが国の正月迎えの行事，餅つきを伝えたい思いがあってできることで，中国人のB子もこの園にかかわる大人たちの思いがあって園の文化としても継承されていく。また，別の園では，中国人の母親が，ほかの園児の親と打ち解けられるようにと，その中国人の母親から，親子で本場中国の餃子のつくり方を教わることを企画し，実行した保育者もいる。日本の餃子・食文化との異同をきっかけに打ち解けていった。

　園内だけでなく，地域の方や父母の協力で楽しい・有意義な思いをしたことは，人のためにするということを体験することでもある。子どものみならず保護者や保育者も含め，各自の中に無償の社会参加の素地をつくっていく。町会の餅つきを担う方によると，町内に住んでいるからといって必ずしも町会に入っているわけではない，入りたくない方も大勢いるそうだ。地域で助け合わなければ暮らしが成り立たなかった昔と違い，個の生活が重視される現代，地域は時に煩わしく感じられることもあるだろう。しかし，普段はなかなかないことで，家庭でできないことを考えれば，餅つきは，園や地域で担わなければ体験することのできないものになっていることも事実だ。

（3）ひな祭りや誕生日など

> **事例10-5**　誕生日がくる　5歳児
>
> 　4歳児クラスでもう誕生日を迎えた子どもに（知らずに）4歳だと言うと，「違う!」と強く否定される。知らぬこととは言え，とても失礼なことらしい。幼児にとって誕生日がきて1つ大きくなることは，すごいことのようだ。
> 　ハナは3月2日生まれ，クラスで一番最後に誕生日を迎える。5歳児になっ

> てから，何人ものクラスの友達の誕生日を祝ってきた。玄関ホールに皆でひな壇を飾りながら，ハナは「もうすぐハナのお誕生日だ」と言う。保育者が，「そうだねー，ハナちゃんは随分なが－くお誕生日待ってたものねー。お誕生日とひな祭りが一緒にくるね」と言う。飾り終えたひな壇の前で，みんなで写真を撮ることになった。みんながVサインポーズの中，ハナは片方の手の人さし指をもう片方の開いたてのひらに添えてちゃっかり6をつくった。待ち焦がれた6歳・小学校入学への思いがあふれていた。

　多くの園では，誕生児ごとに生まれた日に祝う，あるいは，その月生まれの子を月でまとめて祝う。各クラスで個々の誕生日ごとに祝っていても，月にまとめて園全体でその月に生まれた子どもを紹介しつつ，成長を祝う。保護者も同席して，誕生した時の話をする幼稚園もある。個人の成長を皆で祝うことで，成長の喜びを共有しながら自分を重ね，成長に胸がふくらむ。保護者の同席は，子どもにとってうれしいだけでなく，保護者にとってもわが子の成長を実感する機会である。母親も就労していることが前提の保育園では，保護者の同席はないが，家族から誕生日カードにメッセージを寄せてもらい，皆の前で披露してもらうなど，照れくささもありながら晴れがましい，印象的な1日になっている。
　また，ひな祭り（桃の節句）や端午の節句も各家庭で祝っていたもので，各家庭に1，2人の子どもという現代ではますます豪華になる傾向にあり，園で行うことなのかと考える人もいる。ただ，貧困や格差社会とも言われ，必ずしも皆が皆そういう状況ではないこともある。園を1つの大きな家庭・家族と思えば，園児の誕生会も意味がある。また最近は，季節の行事をしない家庭もあり，園で行うことで行事の由来・込められた思いを伝えていく機会になることもある。園で取り上げなければ，古来大切に受け継がれてきたものを次世代に伝える機会がなく，廃れていくことになる。ある園では，正月に預けられる子に，だいこんやにんじんを松竹梅に型抜きして出す。意味は分からなくても，せめて正月の雰囲気にという保育者・調理側の思いは，食文化の伝承という点からも大切なことである。
　従来，母の日・父の日には，子どもが母や父に感謝の気持ちを抱いても

らえるような話をし，自分の母親や父親をかいたり，それをプレゼントする，プレゼントづくりをするなどの活動が行われることもよくあった。だが，両親の離婚，虐待など現代の家庭が抱える様々な問題から，ひとり親家庭で育つ子どもの状況に配慮し，呼び方を含めてていねいに考える必要も出てきている。ある園では家族の日と言い換えて，家族の顔や，家族の中で一番好きな人をかいてねと言うようにしていた。

（4）地域の行事や祭り

> **事例10-6** 秋田県男鹿地方のなまはげ行事と保育
>
> 　毎年，大晦日の晩に男鹿半島のほぼ全域で行われる。なまはげの語源は「ナモミをはぐ」という言葉がなまったものである。ナモミとは，炉端にかじりついていると手足にできる火型のことで，それをはぎ取り，怠惰をいましめるのがなまはげである。類似の習俗は全国各地に見られるが，男鹿のなまはげは，真山・本山に鎮座する神々の化身と信じられている。災禍をはらい，豊作・豊漁・吉事をもたらす来訪神として各家では丁重にもてなす。〔日本海域文化研究所「なまはげを―知る―男鹿真山伝承館」〕
>
> 　なまはげは怠惰や悪行をいましめるためにそれを記した台帳を持っている。男鹿半島のある地区のF保育所では，日ごろからなまはげは，子どもの中でいろいろに楽しまれており，なまはげごっこで「わりごはいねかー」などと言って，なまはげ台帳をつくったりして遊んでいる。
>
> 　別の地区では，行事が終わるとなまはげに扮した人は，その装束ケデを神社に巻き付ける。K保育所の園児たちはよくその神社に散歩に行く。園長先生によれば，この土地で生活しているとよくなまはげに会うが，大晦日のなまはげは自分に振りかかり，これほど怖いものはないが，それ以外になまはげに会っても自分の身に振りかからないことを，子どもはよく知っているという。

　子どもは，園外の生活の中で体験する地域の（伝統）行事をこのように園内にもち込んで遊ぶことがよくある。事例10-6で言えば，自分を怖がらせたなまはげに，遊びの中でなってみることで怖さを乗り越えるのか，いましめを思い出すのか，ただ楽しいだけなのか，大晦日を過ぎ，もうなまはげに会っても大丈夫という安心感の中，なまはげをいろいろに体験する。地域の行事は園の内と外をつなぐ。それを可能にするのが，保育者のかかわり（例：容認，環境構成，具体的なかかわりをもつ）である。

> **事例10-7　雪まつりの雪だるまづくり**
>
> 　市内各地に町内会・企業・学校・学年単位で雪像が展示される。地方の小都市の市民総出で手づくり感のある雪祭りを盛り上げてきた。その1つが雪だるま作戦だ。だれでも簡単にできる雪だるま，各家庭でも玄関先につくって観光客をもてなす。市の依頼はこの公立園にも来る。祭りに合わせて，子どもたちと保育者で，どのような雪だるまにするか，目，鼻，口は何にするか，デザインを相談してつくる。もちろん，家でも保護者とつくるという子もいる。

　事例10-7のように，地域の行事が大人によって園にもち込まれる場合もある。雪は生活を不便にするが，豊富な水源にもなり，田畑を潤し，作物を豊かに実らせる。最近では，雪を苦や負と捉え立ち向かう"克雪"という発想より，"融雪・遊雪"などと言ってポジティブに捉えようとする意識も浸透してきた。この園では日ごろから，冬，どんなに雪が降っていても必ず戸外で遊ぶ。「ここで生まれ，この地で生きていく子どもたちに雪を嫌いになってほしくない」と5歳児の担任。未満児は防寒具の脱ぎ着にも手間取り，戸外遊びの時間より，戸外に出るための身支度に要する時間の方が長いくらいだが，「どんなにふぶいていても1日1回は必ず外遊びに誘う」と未満児担任。今，子どもたちは，どんな悪天候でも，家庭と園との往復は（仕事に向かう保護者の車で）ドアtoドアの生活である。上記の保育者たちの意識は，この時期にしかできない雪遊び体験の楽しさを通して，雪国の冬の遊びを伝承するだけでなく，厳しい気候・風土をプラスに受け止められる素地を子どもの中につくっていく。

まとめの課題

1. 乳幼児が生活する園で，国旗（掲揚），国歌に親しむことについて自分の考えをまとめ，他者と議論してみよう。
2. 園の行事を地域とどのように絡めていくといいか考えてみよう。

引用文献

1) 河邉貴子：ドキドキきらきらグングン－天使園の子どもたち，聖公会出版，2006, pp.54-55

第11章 アプローチカリキュラムとスタートカリキュラム

📖 予習課題

1. 幼小連携にはどのような連携のあり方があるのか調べてみよう。
2. 幼稚園教育要領等では,幼小連携についてどのように書かれているか調べてみよう。

1. 幼小連携

　幼小連携については,幼稚園教育要領では次の(1),(2)の2つの項目で触れられている。

(1) 小学校以降の生活や学習の基盤の育成

> (1) 幼稚園においては,幼稚園教育が,小学校以降の生活や学習の基盤の育成につながることに配慮し,幼児期にふさわしい生活を通して,創造的な思考や主体的な生活態度などの基礎を培うようにするものとする。〔第1章第3の5〕

　ここで大事なことは2つある。まず1つは,幼稚園教育が小学校以降の生活や学習の基盤の育成,土台となっていることである。さらに,そのためには,幼稚園教育において,小学校教育の前倒しや先取り,例えば,フラッシュカードで数字を教えたり,文字を教えることではなく,遊びを中心とした,幼児期にふさわしい生活をすることによって,実現されていく

ということが重要である。

　この幼児期にふさわしい生活を通してというのが，2つ目のポイントである。それは具体的に言えば，子どもたちがお店屋さんごっこをしながら，いろいろな店を再現し，商品を様々な素材で製作し，物をそろえ，看板やメニュー等を作成する中で，文字や記号を書き，友達との売り買いを通してコミュニケーションを深めていく。その中で，主体的に環境や物，人とかかわっていく学ぶ力を育んでいくのである。その主体的なかかわりが，小学校以降の学習する力ともなっていく。

（2）小学校教育との接続

> (2) 幼稚園教育において育まれた資質・能力を踏まえ，小学校教育が円滑に行われるよう，小学校の教師との意見交換や合同の研究の機会などを設け，「幼児期の終わりまでに育ってほしい姿」を共有するなど連携を図り，幼稚園教育と小学校教育との円滑な接続を図るよう努めるものとする。
> 〔第1章第3の5〕

　今までも，幼小の接続，連携においては，まずは互いの保育・教育を理解するという意味から，幼児や児童の交流，あるいは合同の研修会などが行われてきた。特に，それぞれの教育現場を直接見る機会は互いの教育の在り方を見直すよい機会でもある。さらに，2017（平成29）年の幼稚園教育要領等において，それぞれが校種を超えて話し合う共通のプラットホームとして，「幼児期の終わりまでに育ってほしい姿」が明確になったことは重要である。ただし，この「幼児期の終わりまでに育ってほしい姿」を，どう話し合いの題材とするかは検討が必要である。「幼児期の終わりまでに育ってほしい姿」は子どもの育ちを見る窓であるが，ここまで育っているという到達度目標ではなく，その方向に伸びていっているという方向性の目安である。したがって，子どもたちの育ちは小学校からの0からのスタートではなく，このような積み重ねの上に，小学校教育があることを互いに認識する必要がある。さらに，教師からすれば，この「幼児期の

終わりまでに育ってほしい姿」に自分の保育を照らすことで，子どもの育ちを保障した保育を行っているかどうかを確かめることができる。

次に，その子どもの育ちの連続性，また，長期的視点に立って教育を行う上でも，カリキュラムの問題に言及していくことが必要であろう。

2. アプローチカリキュラム

幼小の連携においては，以下の4つの連携が行われてきた。①児童，園児の交流である。例えばこれは，幼稚園の年長児が小学校を訪れ，1年生や5，6年生と一緒に活動（給食体験，秋祭りを行うなど）を行うことがあげられる。②保育者と小学校教諭の交流である。これは，互いの教育現場を訪れ，保育や授業を見たり，教師や保育者が合同で一緒に研修をすることである。③幼小の教員の人事交流である。これは，免許や待遇の問題で，現実的には行われている数は少ない。④カリキュラムの接続である。それぞれ幼稚園等の教育も小学校の教育も，子どもの特性，発達に応じて教育を行っているが，2つの理由から，それぞれのカリキュラムの接続を考える必要がある。1つは教育の目的の連続性であり，もう1つが発達の特性における学びの連続性である。前者はそれぞれ校種は異なるものの，一人一人の子どもの生涯にわたる育ちを育成するものである。言うまでもなく，それは教育基本法に次のようにうたわれている。

（教育の目的）
第1条　教育は，人格の完成を目指し，平和で民主的な国家及び社会の形成者として必要な資質を備えた心身ともに健康な国民の育成を期して行われなければならない。

また，第3章で示した「求められる資質・能力」が幼稚園教育要領等にも，小学校学習指導要領にも記載されている。

発達の特性における学びの連続性では，年長児と小学校低学年の教育では共通のものとして，対象との直接的・具体的なかかわりを通して学ぶと

いうことがあげられる。「幼児期の教育と小学校教育の円滑な接続の在り方について」という報告書（文部科学省，2010）の中では，それを次のように示している。

・自分とのかかわりや他の人・集団とのかかわりである「人とのかかわり」
・自然とのかかわりや身の回りのものとのかかわりである「ものとのかかわり」

また，このような観点から捉えることにより，幼児期の教育から児童期の教育への見通しをもつとともに，これをもとに各教科における学習を展開する必要がある。

したがって，このような幼小の接続期に配慮したカリキュラムが必要となってくる（図11-1）。つまり，ここで言う接続期とは，おおむね年長の10月ごろから小学校1年生の7月ごろまでを指す。そこで行われる年長後半の時期のカリキュラムを「アプローチカリキュラム」と呼ぶ。しかし，「アプローチ」と言っても，「小学校へ行っても困らない，小学校教育へ適応するための指導」のことではない。「幼児期の終わりまでに育ってほしい姿」が育つことで，自然に小学校教育へ移行していくものである。

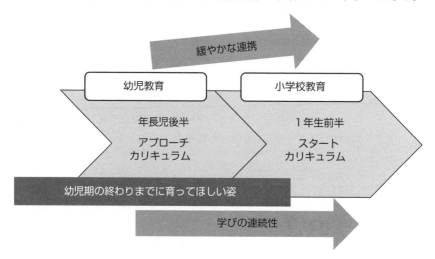

図11-1　接続期のカリキュラムの関係

例えば，それは次のような事例である。

> **事例11-1　子どもたちの遊園地づくり　10月下旬**
>
> 　10月下旬，休み明けの月曜日に登園してきたA児が，スプラッシュマウンテンをつくりたいと保育者に話してきた。A児はかねてから念願のディズニーランドのアトラクションに乗れたことがうれしくて，それを幼稚園で再現したいとのことであった。保育者がA児に何でつくるか素材を問うと，段ボールでつくるとのことであったので，幼稚園の素材置き場へ一緒に行き，A児のイメージする段ボールを見つけた。翌日，A児が段ボールでトンネルをつくり始めると，それに興味を示した4〜5人の子どもが集まり，トンネルづくりを手伝い始めた。互いに協力してトンネルを完成させたものの，ここで問題が発生した。せっかく大きな筒状のトンネルを段ボールで完成させたが，それ自体に重さがあり，自立してトンネルは立たずつぶれてしまう。そこで，保育者がトンネルの一方をひもで吊り下げることを提案した。子どもたちが試行錯誤して，何とかトンネルがすべり台状にできあがると，それまでこの遊びに参加していなかった子どもたちからも，歓声がわき起こった。
>
> 　トンネルが完成し，A児のイメージしたスプラッシュマウンテンができあがると，いろいろな子がそのトンネルをくぐって楽しんだ。次第に，子どもがそのトンネルをくぐって楽しむだけではなく，チケットをつくってそれを受け取る係，アトラクションに誘導する係，アトラクションを宣伝する子どもなどが現れ，いっそうにぎやかな遊びとなった。そこで，保育者はクラスの子どもたちを集め，「もっと，このA児たちがつくったスプラッシュマウンテンを本物らしくするにはどうしたらよいか」とたずねた。つくった子どもたちにとってはスプラッシュマウンテンであっても，見かけは段ボールのトンネルでしかないからである。子どもたちからは「トンネルを茶色に塗る」「木を付ける」「スプラッシュマウンテンの看板を付ける」などのアイデアが出てきた。さらに，A児たち以外のほかの子どもたちからも，「メリーゴーランドをつくりたい」「お化け屋敷」「シンデレラ城」などのアイデアが出てきた。
>
> 　そこで保育者は，「じゃあ，クラスみんなで自分たちのクラスの遊園地をつくるのはどう？」と提案し，1か月にわたるクラスの遊園地づくりが始まった。

　保育者は，12月にある造形展（カリキュラムに位置付いている）に向けて，どのように活動を組み立てていこうかと考えていたが，A児のスプラッシュマウンテンづくりの活動をきっかけに，クラス全体で取り組む遊園地づ

くりへと活動を広げていったわけである。これにより，自然と子どもたちの必然性を引き出しながら，子どもたちが主体的に考える造形展へと展開していった。

この活動では，「幼児期の終わりまでに育ってほしい姿」の「協同性」「思考力の芽生え」「数量や図形，標識や文字などへの関心」「言葉による伝え合い」「豊かな感性と表現」などの姿が見られ，子どもたちが主体的・対話的で深い学びをしていることがうかがえる。このような活動やカリキュラムによって，子どもはさらに学びへ向かう力を育み，自然な形で小学校教育へ移行し，主体的に学びに向かう姿勢を育んでいく。

3．スタートカリキュラム

小学校学習指導要領では，幼小の接続に関連したカリキュラムの在り方を次のように記載している。

> (1) （前略）また，低学年における教育全体において，例えば生活科において育成する自立し生活を豊かにしていくための資質・能力が，他教科等の学習においても生かされるようにするなど，教科等間の関連を積極的に図り，幼児期の教育及び中学年以降の教育との円滑な接続が図られるよう工夫すること。特に，小学校入学当初においては，幼児期において自発的な活動としての遊びを通して育まれてきたことが，各教科等における学習に円滑に接続されるよう，生活科を中心に，合科的・関連的な指導や弾力的な時間割の設定など，指導の工夫や指導計画の作成を行うこと。〔第1章第2の4〕

ここで言われている「小学校入学当初においては，（中略）生活科を中心に，合科的・関連的な指導や弾力的な時間割」が，スタートカリキュラムのことである。スタートカリキュラムという名称は小学校学習指導要領解説の中で使われている。

スタートカリキュラムが言われる以前は，入学当初の小学校1年生も，1時間の授業を45分の時間割で生活していた。しかし，就学前の幼稚園

や保育所等の生活では，子どもたちは遊びを中心にした，切れ目のない連続した時間の中で生活している。そのため，子どもたちが無理なく新しい生活に順応するためにも，短い時間のモジュールを積み重ねながら，自然な流れで生活していくことが，入学当初の子どもにとっても無理がない。したがって，入学当初はいきなり45分の授業が行われるのではなく，15分のお話の読み聞かせ，また，歌を歌うなど，短い内容が展開されている。くわえて，大単元「がっこうたんけん」では，半日を通した長い時間帯の内容になっていることが多い。それは，1年生の子どもたちが，自分たちが生活する学校という場所を知り，安心・安全に生活することができるとともに，いろいろな人や環境とかかわる生活ができるようにするためである。

例えば，ある小学校では入学当初，従来の教室の着席の仕方だけでなく，いすのみで黒板の前に子どもを集め授業をしたり，2人組やグループ学習を多様な形態を用いることで，就学前と違和感なく，学習に参加できるよう工夫している。

また，大単元「がっこうたんけん」は，学校のいろいろな場所を1年生が調べて回る学習である。その授業の中で，学校中を回った後，教師が子どもたちに，「どの場所が自分が好きな場所か」を問い，それを絵にかかせて発表する場面があった。言葉だけが行き交う授業では子どもたちの理解が不十分な面があるが，それを絵にかかせることによって，視覚化，可視化され，子どもたちの理解が深まった。これは，教師が就学前の教育に配慮して考えた手法である。特に面白かったのは，教師が予想していなかった子どもの考えが返ってきた時であった。教師にどこが好きかと問われて，多くの児童が，「自分の教室」「校庭のブランコ」「給食室」などをあげたが，中には「校庭のジャングルジム」と答えた子がいた。なぜジャングルジムかと教師が問い返した時，その子どもは「ジャングルジムの上に上ると，富士山が見えて安心する」と答えたのだ。この発言により，教師は子どもの安心や居場所がどのような意味をもつのかを再認識することができたと話してくれた。学習というのは，その子どもが知識を増やした

り，理解を深めるだけでなく，自分をつくることでもある。

　以上のように，幼小の連携におけるカリキュラムの在り方を見てきたわけであるが，特に領域「環境」について言えば，自然とのかかわりや身の回りのものとのかかわり，つまり「ものとのかかわり」をどのように育てていくかが重要であることは言うまでもない。

　子どもたちは「ものとのかかわり」を通して，対象に内包される法則性や，自然に対する畏敬の念といった抽象的な概念を獲得していくようになり，また，それらに対する認識を深めていく。そしてさらに，探究を，学びを仲間と一緒に深めていくのである。

 まとめの課題

1．幼小連携はなぜ必要なのか，理由をあげて話し合ってみよう。
2．アプローチカリキュラムとスタートカリキュラムの重要性について考え，話し合ってみよう。

参考文献
・文部科学省：幼稚園教育要領，フレーベル館，2017
・文部科学省：幼児期の教育と小学校教育の円滑な接続の在り方について，2010
・文部科学省：小学校学習指導要領，東洋館出版社，2018

第12章 「環境」とのかかわりを支える保育者の役割

予習課題
1. 「教材研究」という言葉から連想されるものを書き出してみよう。
2. 友達とその書き出したものを見せ合い，自分たちが「教材研究」という言葉にどのようなイメージをもっているのかを話し合ってみよう。

1. はじめに

　幼稚園教育要領解説には，「各幼稚園では，教材研究を通して，幼児と教材との関わりについて理解を深め，遊びが展開し充実していくような豊かな教育環境の創造に努めることが必要である」（傍点，筆者）と書かれている。また，次のような記載もある。

> 　幼稚園教育においては，幼児の自発的な活動としての遊びを中心とした教育を実践することが何よりも大切である。教師が遊びにどう関わるのか，教師の役割の基本を理解することが必要であり，そのために教師には，①幼児の自発的な活動としての遊びを生み出すために必要な教育環境を整えることが求められる。さらに，教師には，幼児との信頼関係を十分に築き，②幼児と共によりよい教育環境をつくり出していくことも求められている。そのための教師の役割は，③教材を工夫し，物的・空間的環境を構成する役割と，その④環境の下で幼児と適切な関わりをする役割とがある。（幼稚園教育要領解説第1章第1節5「教師の役割」①）（下線及び丸付き数字，筆者）

　さて，下線部①〜④について，すでに紹介した第1章の図に位置付けれ

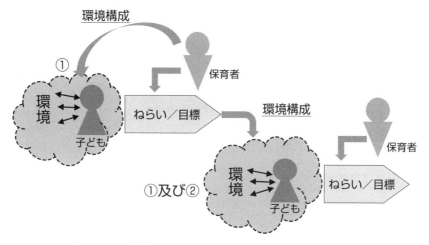

図12-1 「環境による教育」の保育（援助）における位置

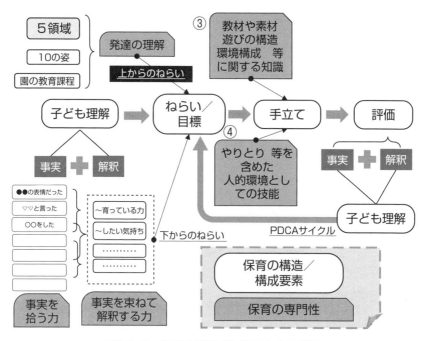

図12-2 保育の構造（構成要素）と専門性

ば図12-1及び図12-2のように示される。保育者は眼前の子どもの姿に「育ちの意思」を見出し，「ねらい」を設定する（＝「下からのねらい」）とともに，今を生き，未来を生きるその子どもに対して必要な力を想定し，「ねらい」を設定する（＝「上からのねらい」）。そうして設定された「ねらい」を実現するために，保育者は，「手立て」を構想している。

本章では，これらの行為を支える保育者の専門性について，「教材研究」という視点から学んでいこう。

2. 教材を工夫し，物的・空間的環境を構成する役割

図12-3及び図12-4は，ある保育園の0歳児クラスでの子どもの活動を，保護者に向けて紹介した掲示物である[1]。砂とのかかわりを紹介するこの掲示物の背景には，砂と出会わせることへの保育者の意図がある。それは何だったか。

この園では，砂に限らず，いわゆる感触遊びと呼ばれる活動を意図的に導入している。そのことを意識し始めたのは，2003（平成15）年まで遡る。

この園では民営化（2002（平成14）年）によって行政から運営が移管された。その当初から見られた，幼児になってもいざこざの際にかみつき等の，いわゆる手が出てしまうことが減らない状況。悪意はないが「何しとんじゃ！」「キモいんじゃ！」等々，粗暴な言葉を用いるアンバランスなコミュニケーション。手先の不器用さや製作物の幼さ，そして，少しでもうまくいかないと感じると，すぐに「できない」「もうやらない」と諦めてしまう気持ち。そのような姿（＝子どもの育ちの課題）に向き合った時，改めて多様な感触に出会わせるという観点（＝「上からのねらい」）から環境を見直すことを始めた。なぜか。

例えば，人とのかかわりにおいて，他児が持っている「モノ」がほしくなった時，あるいは，自分がブランコに乗りたくなってしまった時，子どもは，幼ければ当然のようにそれを取り上げたり，あるいは，座っている

118　第12章　「環境」とのかかわりを支える保育者の役割

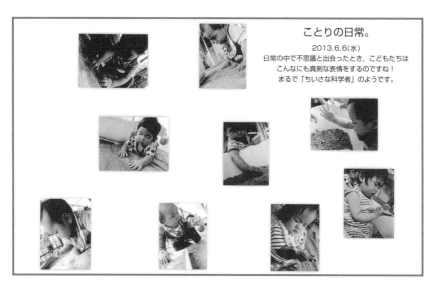

図12-3　掲示物例　2013年6月6日

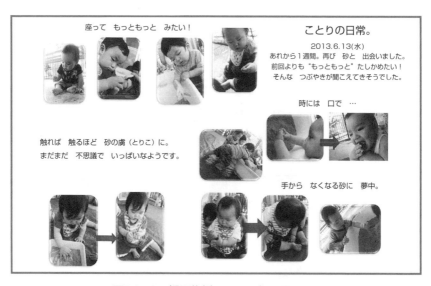

図12-4　掲示物例　2013年6月13日

人を押しのけるような行動をする。そうした場面で，私たちは当たり前のように「『か〜して』『い〜れて』を言うんだよ」といった対応をしてきたのではないだろうか，と。しかし，そうした働きかけは本当に有効だったのか，と。

　確かに，「か〜して！」という「コトバ」を教えれば，2歳児であったとしても，子どもはモノをかしてほしい時に，その「かして」というコトバを使う。しかしながら，そのコトバが実際に使われる場面の多くは，相手がまさにそのモノを使っている，といった状況である。すると多くの場合，それは例えば，次のような展開になっていく。

```
A：「か〜して」
B：「だ〜めよ」
A：「か〜して！」（今度はさっきより強く）
B：「だ〜めよ！」（Aに呼応するようにやはりさっきより強く）
A：「か〜して‼」（もっと強く）
B：「だ〜めよ‼」（やはりもっと強く）
≪ボカッ！≫（AがBに向かってと手を出してしまう……）
```

　つまり，私たちが無意識にしがちな人とのかかわりを育てるかかわりとは，実は，単にコトバのオウム返しを強いているだけなのではなかったのか。

　むろん，「かして」や「入れて」というコトバは便利で，また，大切なコトバである。しかしこの例が示している通り，人とのかかわりにおいては，ある単語をいわば「魔法のコトバ」のように覚えさせ，それを言わせさえすれば事足りるわけではない。実際には，相手との関係を推し量りながら，適切なコトバを選び調整していくことで，このやりとりは成し遂げられている。

　「しろよ！」と言うのも，「お願い……して」と頼む時も，あるいは「ねぇねぇ！　これ，こういうふうにしたらすごくいいと思うんだけどな」と提案することなども，いずれも「してほしい」という気持ちの〝コトバ〟にほかならない。しかし，こうした実に様々な言い回しとしてある「して

ほしい」を相手に伝える時，相手が受け止める気になる，そういう「ちょうどいいコトバ」を用いることができなければ，結局は思いを遂げることはできない。では，どうすればよいのか。この時に保育者たちが参考にした知識が，図12-5及び図12-6である。

この図は，レッジョ・アプローチの環境構成論が示された著書において，「触覚」という章に書かれていたものである[2]。図12-5では「冷たい－熱い」「柔らかい－硬い」「湿った－乾いた」といった感覚の多様性が示され，図12-6ではさらに，子どもが触れる素材の，得られる感覚の可能性が分析されている。

他者との適切な距離感を推し量る上でのもととなる「ちょうどいい」という感覚は，コトバで教えることは非常に難しく，そもそもきわめて身体的な感覚である。例えば，「ちょうどいい熱さ（冷たさ）」とは，「熱い」と「冷たい」の両極を知らなければ実現できない。「柔らかい－硬い」「湿った－乾いた」といった両極の感覚，あるいは多様な感覚を知っていること。このいわば二項対立的な関係の感覚を経験することが，「ちょうどいい」という感覚を身に付ける上での基礎だと捉えたのである。

つまり保育者は，なぜ自身が，子どもたちに感触遊びの環境を設定したいと思っていたのかを改めて考え直すこと。子どもが，例えば土に，水に，砂に，泥に，木に，草に，石に……一心不乱に向き合って遊ぶ姿の中に，その環境との「応答性」を見出す，すなわち「心が動く」という子どもの自発性や主体性の発露にとって重要であるという意味（「下からのねらい」）以上の意味を，実はそこに見出したとも言えるだろう。

というのも，こうした子どもの好きな感触遊びを，擬音語や擬態語に直すとどうなるか。それは，「ザラザラ」「ビチョビチョ」「ベトベト」「ギザギザ」「グチュグチュ」「ゴツゴツ」「チクチク」といった単語でその感覚が表現できることに気付く。しかも，こうして描かれた感覚のほとんどが，一般的な日常の家庭の中にはないものであることも見えてくる。

例えば「ベトベト」。この語が指し示すイメージとして，いちばん想像しやすい場所やモノは，一般的には「腐ったようなもの」であろう。た

2．教材を工夫し，物的・空間的環境を構成する役割　　121

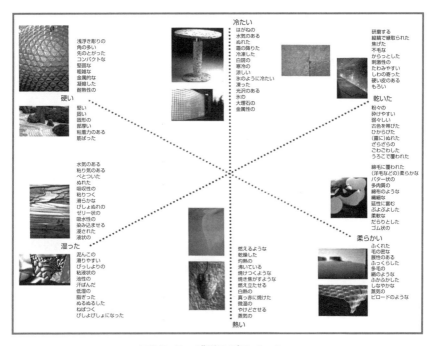

図12-5　感覚のパラメーター
(Reggio Children, *children, spaces, relations; metaproject for an evvironment for young children*, 1998, pp.75-77を改変)

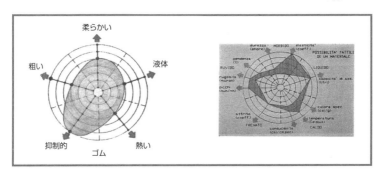

図12-6　比較による感覚のアイデンティティ
(Reggio Children, *children, spaces, relations; metaproject for an evvironment for young children*, 1998, pp.75-77を改変)

だ，そうした場所やモノは，家庭にあれば，たいていその存在が排除（＝掃除）されることになる。同様に，例えば「ザラザラ」した床，「チクチ

ク」した畳等々，いずれも，普通家庭で生活する際には快適さを阻害する要因にほかならない。にもかかわらず，こうした感覚を子どもは求め，多くの保育者はそれをこそ味わうことが大切だと思っている。なぜそう思うのか。その理由を理論的に支えてくれる知識を得ること。それが教材研究の1つの意味になっていたのである。図12-7及び図12-8を参照してみよう。

これらの記録は，前出の園で，保護者向けの掲示物（図12-3及び図12-4）の作成に並行するように実施されていた，子どもの砂のかかわりに対する保育者の気付きの記録になる。

図12-7の作成時において，保育者は子どもによって砂の触り方が「見る→触る」タイプの子どもと，「触って→見る」タイプの子どもがいることに気付いている。と同時に，その記録には，次のような記載が付記されていた。

> 前回よりも「もっともっと」と触りたい。／「これなんやろう？」の表情が見られる。／いつ，水を入れよう……？／この表情ではまだまだ水をいれるのは早いのかな？　どうなのかな？

次は，図12-8の作成時のメモである。

> 実践　実際に触ってみる。
> ・水を混ぜるとすぐに水分を吸収する。瞬間的に水を吸収する。
> ・砂みたいにじゃりじゃりするが，粘り気もあるように感じる。
> ・つかんだらギュッと固まる。粘土みたい。
> 柱のセメントの材料から取り出して砂の粒子を取り出したもの。
> なんでこの砂に魅力を感じているのだろう？／さらさらだけじゃなくてぶつぶつした感触がさらに不思議さを増すのだろうか？

保育は，第1章において触れたように，小学校以降のいわゆる教科指導のような「教えられて学ぶ（教授学習）」のではなく，原則的に「見て学ぶ（観察学習）」営みである。そこでは小川博久[3]が指摘した通り，対象の可能性を見て，為すことを繰り返す中で，その意味を修得していく。

2．教材を工夫し，物的・空間的環境を構成する役割　123

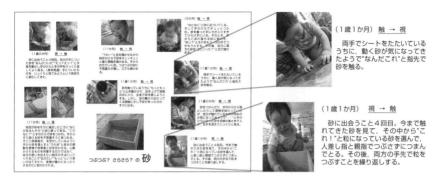

図12-7　掲示物（2013.6.6）の際の子どもの砂の触り方（教材研究メモ①）

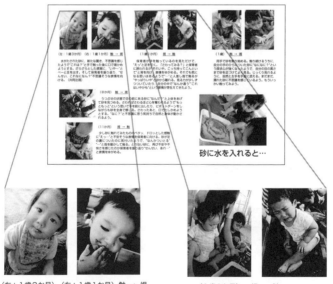

図12-8　掲示物（2013.6.13）の際の子どもの砂の触り方（教材研究メモ②）

つまり,この記録に示されている,子どもの「見る」や「為す」という行為の意味を考えることの重要性に目を向けることは,モノの取り合いにおける「ちょうどいい」という距離感の体得,あるいは調整といった範囲にとどまっていない。

例えば,モノをじっくりと見てそれと向き合うことで,知的好奇心が促され,探索行為が始まる。対象に試行錯誤してじっくりとかかわることは,からだのコントロールを促すことにもなる。しかも,新しい意味を受容する過程では,保育者との間で共感や共有を求めて「問い合わせ(参照行為)」が頻繁に行われるようになってくるのである。

既述したように,人とのかかわりをめぐる課題は,「見る」「為す」という行為と連動させることで,対象に向き合う意欲や持続力,操作性や知的な育ちにまでつながる可能性を示している。だからこそ,このような観点からの教材研究への関心は,例えば,特定のモノ(ここでは砂)に向き合う子どもの姿の分析にとどまらず,この時期の様々な子どもの活動場面にも目を向け,そこにも同種の能力としての育ちが見出せるかを探る営みと

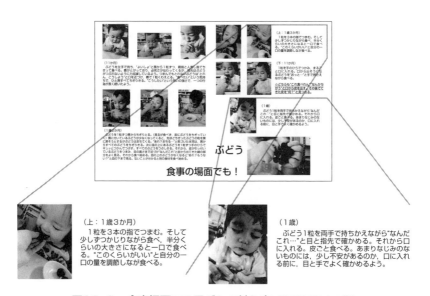

図12-9　食事場面での子どもの触り方(教材研究メモ③)

して生まれることになる。ちなみに，図12-9は，同時期に作成された子どもの食事場面での既述した観点（触覚・視覚）からの分析である。

　二項関係から三項関係へと目覚ましい発達をしていくこの時期。こうした子どもの育ちの未来性をどう描き，環境の選定・精選としてどう「手立て」化すればよいのか，それを日々の子どもの姿に結び付けながら，保育者は教材研究を行っているのである。

3．やりとり等を含めた人的環境としての技能

　ところでこの保育者たちは，この時の一連の活動について次のような振り返りを残している。

> 　今まで心を動かす環境を取り入れようと，いくつもの感触遊びを取り入れていたが，どれも単発で思わるものが多く，満足していたのは保育者だけだったのかもしれないと感じた。写真（図12-7，図12-8）のように，砂を真剣に見つめる目はまさに，小さな科学者である。この"なんだこれ……"という子どもの，まだまだ不思議でいっぱいの探究心に気付いた時，私たち保育者は"もういっかい砂に出会わせたい"と思った。子どもの"もういっかい"と保育者の"もういっかい"が合わさった時，相乗効果が起こり，いつも以上に子どもの表情を敏感に感じる保育者の姿，保育者を振り返って自分の思いを伝える子どもの姿があった。心が動く環境を整えるだけでいいというのではなく，そこに，自分と同じ思いを一緒に味わってくれる人の存在が近くにあることで，表情が出てきたり，もっと伝えたくなったりする。それと同時に，保育者自身も"こんなことをしたら面白いかも""こんなことを面白がっているのかな"と心を動かされていて，それにこたえてくれる子どもの存在があるからこそ，こちらも表情が豊かになったり，もっと伝えたくなったりする。"子どもの心"と"大人の心"が同時に動かされている時こそが，心地いい空間，わくわくする空間を生み出しているのだと思う。

　ここに示されている，単に環境を準備するだけでなく，「"子どもの心"と"大人の心"が同時に動かされ」ることの重要性への指摘。これが，前述した下線部④「環境の下で幼児と適切な関わりをする役割」（p.115）と

いうことになる。図12-10（①〜⑧）は，先の0歳児クラスの担当者が，2013（平成25）年11月1日に実施された園内研修において提出した資料である。

　本園では，「子どもの育ちへの意思」を見出す（＝「下からのねらい」の設定）ための手法として，写真に「吹き出し」を入れるという方法を使用している[1]が，これは，それを保育者の具体的なやりとりとしての行為（図12-2-④）を自覚化し，相対化する手段として用いて検討したものになっている。つまり，保育者が当時子どもと向き合っていて，意図している行為だけでなく，意図した行為を超えて振る舞っているかかわりについて，それがクラスの同僚からみて大切だと感じたものをピックアップし，保育者の「吹き出し」を入れて整理したものが次の8つのスキルであった。

①　ユーモアと遊び心をもってしかける（図12-10①）

　ここで，保育者は「かくれんぼ」のような状況を子どもにしかけている。改めて確認するまでもないが，子どもとの間で「かくれんぼ」することが大事だと言っているわけではない。この場面で言えば，三項関係の成立に伴って，未来を思い描くことが可能になってきた子どもの存在を感じているからこそ，その期待や思いをよりふくらませていければという思いに基づいたかかわりの選択肢の1つのとして，「かくれんぼ」が実施されている。

　「ここにおらんかったらどうするやろ…」という吹き出しには，保育者自身のいわば「いたずら心」が示されている気がしてならない。

　子どもの時々の育ちの先を，「開いたり」「破ったり」するためには，子どもの「驚き」を引き起こすことは重要な要素となる。この①は，「いたずら」とでも記述したくなる保育者の「ユーモア」や「遊び心」を具体化し，実践するスキルの重要性を示したものと言えよう。

②　子どもの目の前で作業する（図12-10②）

　このスキルについて保育者は，「"自分もしてみたい"と心が動くんじゃないだろうか…」「これから起こることに期待するんじゃないだろうか…」

3．やりとり等を含めた人的環境としての技能

① ユーモアと遊び心をもってしかける
　　（予想外の状況が起きたとき，どんな表情や仕草を見せるのだろう…）
　　（見えなくなったものをどこまで追い続けるのだろう…）

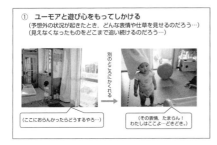

② 子どもの目の前で作業する
　　≪絵本をなおす。なすをとって切ってスズムシにやる。玩具を用意する。など≫
　　（"自分もしてみたい"と心が動くんじゃないだろうか…）
　　（これから起こることに期待するんじゃないだろうか…）

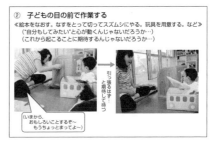

③ 保育者自身が積極的に虫や不思議などと出会う
　　（"せんせがこわれるなら大丈夫かな"
　　　"少しいやだけど，さわってみようかな"と思ってくれたらいいなぁ…）
④ "いやだ"と思っていたものに触ろうとする姿があったとき，
　　言葉をかけるよりも，表情だけで思いを受け止めたり伝えたりする
　　（子どもの世界を大切にしたい！
　　　ここで言葉をかけてしまえば思いが途切れてしまいそうで…）

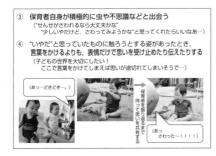

⑤ 子どもの発見や不思議を受け止めたり，共有したりするのはもちろん
　　保育者からも発見，不思議，感動を子どもに伝える
　　（子どもたちに，伝えてこたえてくれるうれしさだけでなく，
　　　相手に伝えられるうれしさも感じてもらいたい）

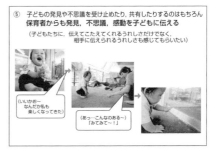

⑥ 子どもの"もういっかい""もっともっと"に寄り添いつづけるのはもちろん
　　保育者からも，"もういっかい""もっと"を子どもに伝える
　　（相手が自分の思いにこたえてくれるうれしさを感じられるように…）
　　（保育者も子どもに"もういっかい"と言われるうれしい
　　　だから，子どもうれしい。→"もっともっと"につながっていくのかな…）

⑦ 子どもと同じ目線になり，驚き，不思議，発見，感動を共有する
　　言葉にはならないけれど，同じ空間で，同じものを見て，同じ思いを共にする
　　（子どもと同じ目線に立って，子どもの心をのぞきこみたい…）
　　（この子は何を見て，何を面白がっているの…？）
　　（何が不思議なの…？あなたのことが知りたいの）

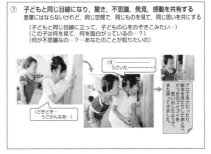

⑧ 子どもの心が動かされる前に，保育者の心が動いている
　　（こんなの見たら，どんな表情するんやろ…）
　　（なんだこの感触…これ，みんなにも伝えたいな）
　　※保育者は子どもに伝えたくなる　→　子どもも保育者に伝えたくなる

図12-10　人的環境としての技能

と記している。既述したように子どもは，対象を「見て」，「心を動かし」，それをまねるという「行為」に及ぶ。「遊び」等の意識化しやすい場面のみならず，日常的な生活行為（整理整頓，動植物の世話等の生活行為）について，ただのこなし仕事（業務）として手際よくすることだけでなく，そのこと自体を，子どもの目が追いつけるスピードで示すことへの意識化を，スキルとして示したものと言えよう。

③　**保育者自身が積極的に虫や不思議などと出会う**（図12-10③）
④　**言葉をかけるよりも，表情だけで思いを受け止めたり伝えたりする**（図12-10④）

この2つは一緒にしてスキルとして語られているが，その背景にはやはり発達的な観点としては三項関係の成立がある。小沢・遠藤（2001）[4]は，「社会的参照」の3種のサブタイプに分類した上で，その発達プロセスを「巻き込まれ型→相補型→自律型」の順番で想定している[1]。

ここでの「"少しいやだけど，さわってみようかな"と思ってくれたらいいなぁ…」という記載（図12-10③）は，新しい意味に出会わせ，積極的にそれを取り入れるきっかけを引き起こすことを意図したスキルだと考

1　小沢・遠藤（2001）は，「自立型の社会的参照」を「乳児が一方的に『養育者と刺激の関係性』を読み取る現象」。「巻き込まれ型の社会的参照」を「養育者が一方的に『乳児と刺激の関係性』を調整する現象」。「相補型の社会的参照」を「双方向の社会的交渉としてある社会的参照」として定義し，次のように述べている。

「おそらく，乳児は，全く社会的参照コンピテンスを持たない時期から，養育者の多様な関わりを得て，巻き込まれ型の社会的参照という過程で，目前に表れた対象と養育者のもたらす情報との随伴性を学習し，やがて自ら情報を求めにいくようになるのだろう（原初的な社会的コンピテンスの獲得）。その後，必ずしも十分ではない情動の意味やその指示的性質の理解を養育者によって補われながら，相補型の社会的参照の経験を積み，ついに一般的な他者の示す意図的ではない様々な情動的表出からも情報を得ること（自律型の社会的参照）を可能としていくのではないかと考えられる。この中で，本論文は，特に相補型の社会的参照の重要性を示唆している。少なくとも，従来の研究は社会的参照を過度に乳児自身のコンピテンスに帰属しており，養育者が配慮および"足場作り"を行っているという事実を見落としてきたといえるのではないだろうか」

えられ，まさに「巻き込まれ型」の指摘に関連するものと言えよう。

対して，「保育者を振り返るまで待って思いを共有する」という記載（図12-10④）の状況は，子どもがいわゆる未知のモノに出会った場面であれば，その自らが感じた状況を確認したいという感情が起こる可能性が高い。こうした感情の動きや思いなどを「受け止め」「確認・共有する」という時を見逃さずに対応することで，子どもの「問い合わせ（参照する状況）」をより自律的なものへと形づくろうというスキルだと考えられる。だからこそ保育者は，「子どもの世界を大切にしたい！　ここで言葉をかけてしまえば思いが途切れてしまいそうで…」という記載をしている。まさに「相補型」の指摘に関連しているものと捉えられるだろう。

⑤　**保育者からも発見，不思議，感動を子どもに伝える**（図12-10⑤）

これもまた，三項関係の発達に伴う「問い合わせ（参照する状況）」から派生させたスキルと言える。

「子どもたちに，伝えてこたえてくれるうれしさだけでなく，相手に伝えられるうれしさも感じてもらいたい」という記載は，いわゆる危険等からの回避（「危ないよ」「しないの」）といった，ネガティブな場面においてより多く発してしまう可能性の高い「巻き込み」を，ポジティブな場面でこそ意識的に発していくことを意識したスキルであると考えられよう。

⑥　**保育者からも，"もういっかい""もっと"を子どもに伝える**
（図12-10⑥）

既述したことに関連するが，「問い合わせ」し「受け止められる」経験の積み重ねが，その入れ替えも含めた経験の積み重ねが，行為状況の持続を生み，そのことが人やモノにかかわることの意欲を強化していくことになる。

「繰り返す」ことの重要性を意識したスキルだと考えられよう。

⑦　**子どもと同じ目線になり，驚き，不思議，発見，感動を共有する**
（図12-10⑦）

ここで確認しておきたいことは，「え゛――――――――うごいたーーーーーー」と記している中央の写真の子どもの表情と保育者の表情が，きわ

めて似ているという点である。この０歳児クラスの保育者たちは，子どもが心が動いた場面の表情と同じ表情を，まさにその時に，鏡のように子どもの前に映し出すということを意識している。

このことは，「子どもと同じ目線に立って，子どもの心をのぞきこみたい…」「この子は何を見て，何を面白がっているの…？」「何が不思議なの…？　…あなたのことが知りたいの」という記載の意味する通り，子どもがするであろうその表情をなぞることが，子どもの心の動きに即応する（既述した子どもからの「問い合わせ」状況に適切に対応するための「子ども理解」のための身体的行為である）ため，というだけでなく，子どもが抱いた「心の動き」を増幅させ，形づくる行為としての意味ももっているスキルだと考えられよう。

⑧　子どもの心が動かされる前に，保育者の心が動いている（図12-10⑧）

ここで示されているスキルは，子どもの「心が動く」というきっかけを引き出す上での，保育者の心持ちを意識したものと考えられる。その意味では，①や②などの保育者自身の「遊び心」や子どもの「問い合わせ」への期待感の重要性を意識したものと言えるだろう。

以上，やりとり等を含めた人的環境としての技能について述べてきた。なお，念のため確認しておくが，この８つのスキルが正解なわけでも，絶対的なものでもない。むしろ，目の前の子どもの育ちに対する課題を捉えること。その課題としての「上からのねらい」と，「子どもの育ちへの意思」としての「下からのねらい」を実現するための，必要な知識を集積する努力をしていくこと。さらに，その「手立て」の実現のために必要なかかわりのスキルを自覚化し，相対化しようと努力していくこと。このことの具体的な取り組みを，ある園の実践を例として取り上げてきたと言える。

子どもたちが生きていく現代の私たちの社会には，様々な課題が満ちあふれている。子どもが暮らす環境も，例えば，都会の高層マンション街と自然豊かな田舎では明らかに異なるように，本来，個々においてその特徴を抱えている。しかも，子どもは，好むと好まざるとにかかわらず，大人

の生活や，私たちの提示しているその場と，場にあるものに制約されざるをえない。だとすれば，子ども理解や発達の理解を通して子どもの未来性を描き，どのような環境を用意することが必要で，どのような働きかけをすればいいのかを教材研究を通して実践し続けていくこと。そのことがまさに，保育者の専門性として求められている。

 まとめの課題

1. あなたの周りにある公園を訪れて，そこでの遊具の配置の仕方と子どもの動き方を記録にとってみよう。
2. 次に，その遊具でどのような遊び方（使い方）をしているのか観察してみよう。
3. こうして集めた観察記録を友達と見比べて，気付いたことを話してみよう。

引用文献

1) 社会福祉法人カナン福祉センターカナン子育てプラザ21の0歳児ことり組保育者（平井・氏家・上杉・荻田・西俣・武井）による作成
2) Reggio Children, *children, spaces, relations; metaproject for an environment for young children*, 1998, pp.75-77
3) 小川博久：保育援助論，萌文書林（復刻版），2010（初版は生活ジャーナル社，2000）
4) 小沢哲史・遠藤利彦：養育者の観点から社会的参照を再考する．心理学評論，2001，Vol.44，No.3，271-288

第13章 指導案作成から保育へ

📖 予習課題

入園して間もない不安定な3歳児の姿があるので，好きな遊びを見つけて安心して過ごしてもらうために，保育過程でも経験したことがある遊びや子どもが興味がありそうな遊びをイメージしながら簡単な保育の計画をつくってみよう。

1. 指導案の作成において心がけたいこと―今の子どもの姿と保育者の願いからつくる保育の計画

　保育の計画を立てる時に大切にすることは，次の2点である。
　1点目は「今の子どもの姿からつくる」ということ。今日の保育が終わり子どもの姿を振り返った時に，子どものしていた遊びがさらに楽しめるようにするには，どのような環境を用意すればいいのだろう，どのようにかかわっていけばいいのだろうというように子どもの姿から考えていくことは，保育のねらいを考える時の基本中の基本である。
　保育という営みは，子どもを理解することから始まるものであるので，日々の保育の中で「子どもが○○をして遊んでいた」というような子どもの姿を「事実」として記録し，そのような事実から「こんな気持ちでいるのかなあ」「こんな力が育っているのかなあ」というように，事実に基づいて「解釈」して，子どもを理解することが大切である。子ども理解に基づいて，子どもの育とうとしている方向に沿って保育の計画を立てるので

ある。
　2点目は，そのような子どもの姿から考えることとは逆に，保育のねらい（保育者の願い）から保育の計画を立てることも必要であるということ。
　今の子どもの姿から保育を考えることにくわえて，「さらにこのような経験もしてもらいたい」と考えた時には，保育者の経験だけに頼るのではなく，5領域や幼児期の終わりまでに育ってほしい姿などの視点から，ねらいを考えていく必要がある。
　また，指導案には生活の流れをつくるための手順書としての側面もある。例えば，1日の計画を考える時に，園から帰る時間が2時半だとすると，10分前に部屋から出て並ぶことやトイレに行くこと，帰りに絵本を読むことなどを，帰る時間から逆算して計画を立てることも考えなければならない。
　子どもの主体性が育ってくると，子どもたち自身が見通しをもって生活の流れをつくっていけるようになるが，子どもが幼ければ幼いほど，保育者が生活の流れをつくっていかなければならない。

2．3歳児「教材研究と日々のつながりから保育計画を立てる」

　指導計画は，幼児の生活する姿に基づいてその時期にふさわしい生活ができるように，具体的なねらいや内容，環境の構成，活動の予想などを記入していく。
　指導計画のうち，長期計画にあたる教育課程を園で作成し，それをもとに，月，あるいはまとまった活動が継続して行われる期間などのものを，見通しをもって作成する。そしてそれを実現するにあたり，週・日等の計画を，具体的な幼児の生活に基づいて考える。
　園では，以下のような教育課程を参考に，具体的な指導計画を立てていく。

〈3歳児の教育課程の4期（例）〉

3歳児　教育課程（4期　11月～12月）	
子どもの姿	ねらいと内容
・気の合った友達ができ，一緒に遊ぶことが多くなる。 ・保育者がいなくても安心して遊ぶ子どもが多くなる。 ・遊びの中で自分の思いを通そうとする子どもが多くなる。 ・友達同士のけんかに気付き，保育者に伝える。 ・廃品や自然物に興味をもち，遊びに取り入れる。 ・収穫したものを喜び，味わう。 ・寒くなり排泄を失敗することが多くなる。 ・集団遊びを楽しめるようになる。 ・園生活に慣れるにしたがって，身に付いた生活習慣が乱れてくる姿も見られる。	◎友達と一緒に遊ぶことを楽しむ ・友達とかかわりながら，自分の思いを出したり，ごっこ遊びで自分のやりたい役になり，遊ぶ。 ・いろいろな素材を使って見立てたり，つくることを楽しむ。 ・イメージをふくらませ，表現することを楽しむ。 ◎からだを動かして遊ぶことを楽しむ ・簡単なルールのある遊びを楽しむ。 ・戸外の遊具や道具を使ってからだを動かすことを楽しむ。 ◎自然に親しむ ・自然物に触れ，遊びに取り入れる。 ・収穫することを楽しみ，喜んで食べる。 ・冬の自然の変化に気付く。

　上記のような教育課程を具体的に実現する時に，子どもの今日の姿を出発点として明日の計画を立てていく。その形の1つとして，月案や週日案がある。

　月案は，前月の子どもの姿から育ちを捉え，次の月の計画案を立てる。週日案は，その日の子どもの実態をもとに次の日の計画を立てて環境を用意し，次の日を迎える。次の日はまた，子どもの姿をもとに振り返り，次の日の計画を書き足していく。このように，1日1日の計画と実践を振り返りながら積み上げていく。計画はあくまでも仮説に基づいたものであるから，子どもの生活の展開と保育者の計画にずれが生じた場合は，その場で，子どもの姿に合わせて，柔軟に計画を変更することが望ましい。

　月案や週日案を立てるにあたり，大切にしたいことは，まずは，子どもの姿から具体的な事実を取り上げ，その姿から，育っている力は何かを解釈し，子どもを理解することである。そして，この子ども理解をもとに実態からのねらいを立て，同時に，領域や幼児期の終わりまでに育ってほし

い姿からもねらいを合わせて，活動内容や手立てを考えていくことが大切と考える。

3歳児が秋の自然物を使って遊ぶ活動に関する，教材の考え方や環境構成，そして計画の立て方は以下の通りである。

① **週案**（図13-1）

「秋の自然物を使って遊ぶ」という大きなねらいがあり，実際にどんぐりに触れて遊ぶ子どもたちが，どんぐりに興味・関心をもち，探究心が生まれ，主体的にどんぐりにかかわっていく姿に合わせて，日案が書き足されている。

② **活動を支える教材研究**（図13-2）

子どもがどんぐりに興味をもち，どんぐり遊びに夢中になる過程で，発見や学びが深まっていく様子を，どんぐりのもつ特徴とともに，整理した図は図14-2の通りである。子どもが興味を示すことを見逃さず，活動につなげていくために，どんぐりのもつ特徴と，子どもの興味を関連させて書くことで，教材研究ができ，活動の見通しをもつことができる。

③ **どんぐり活動の学び（評価）**（図13-3）

どんぐりを拾い，触れて遊ぶところから，遊びを広げ深めていく過程を，活動の順に整理したものである。1つの教材から，子どもたちの活動がどのように深まり広がり，発展していくのかを表したものである。

④ **どんぐり活動計画の詳細**（図13-4）

具体的な子どもの姿と活動内容に沿って，子ども理解とねらいや環境設定を書き加えたものが図13-4-①〜④である。

どんぐりと向き合う子どもの姿から，保育者がどのように子どもの思いを汲み取り，どのように育ちを感じ取っているのか。その解釈により，保育計画を変更したり発展させたりして，それに伴い教材や環境を用意していく過程を詳細に記入した。若手保育者とベテラン保育者のやりとりを通して，豊かに計画が積み上がっていくプロセスを見ることができる。また，その日の活動を振り返り，評価をしながら，次の活動へ連続性をもってつなげていくことを大切にしていることが分かる。

2018年10月29日（月）〜11月2日（金）
・月のねらい：秋の自然に触れ、見立て遊びを楽しむ

29日（月曜日）	30日（火曜日）
今日のねらい ・散歩をする中で秋の自然に触れる	今日のねらい ・自分の好きな遊びをじっくり楽しむ
8：30　・順次登園 　　　　・身辺整理をする 　　　　・自由遊び 　　　　・楽器コーナ 10：10　・マラカスづくり 　　　　・片付けをする 　　　　・排泄，手洗い，うがい 10：40　・散歩の話 10：50　・どんぐり山で 　　　　　どんぐり拾い 11：00　・友達と手をつないでどんなどんぐりがあるか探しに行く 11：35　・靴を履いて並ぶ 　　　　・お散歩出発 12：10　・幼稚園に帰る 　　　　・給食を食べる 　　　　・自由遊びでどんぐりで遊べるようにテラスでままごと 13：20　・降園準備 14：00　・降園	〈自由遊びでのどんぐり活動〉 ・どんぐりマラカスづくり ・どんぐりおままごと ・どんぐり迷路 （トイレットペーパーの芯・はさみ 模造紙・テープ用意） ・どんぐりの仕分け ・何をして遊んでいたのか 広がってほしい遊びを発信

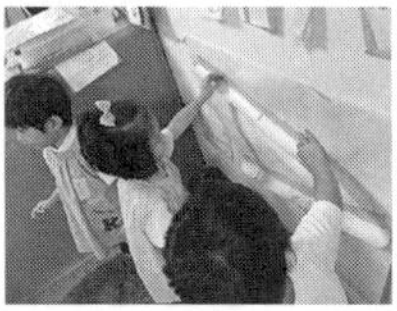

図13-1　週案（3歳児）

2．3歳児「教材研究と日々のつながりから保育計画を立てる」

・週のねらい：秋の自然物を使って遊ぶ

31日（水曜日）	11月1日（木曜日）	11月2日（金曜日）
今日のねらい ・秋の自然物を使って遊ぶ	今日のねらい ・秋の自然物を使って遊ぶ	今日のねらい ・秋の味覚を味わう ・秋の自然物を使って遊ぶ
〈自由遊びでのどんぐり活動〉 ・どんぐり迷路 ・廃品遊び ・どんぐりままごと ・どんぐり虫探し （どんぐりを分けて入れるかごを用意） （どんぐり虫が観察できるように広げる） （どんぐり虫を育てたいという子のために，土を入れたケースを用意） ・どんぐり虫をケースに入れる	〈自由遊びでのどんぐり活動〉 ・どんぐりの皮をむく ・どんぐり削り ・どんぐりを木槌で割って中の虫を出してみる ・おろし器で，割ったどんぐりを削って遊ぶ （木槌・おろし器・ケースなど，自由に使い分けることができるように置いておく） ・削った粉を透明瓶に入れる （粉の違いを観察しやすいように透明の瓶を用意）	・段ボールに落ち葉などの素材を貼る ・クッキングの話 スイートポテトづくり 〈自由遊びでのどんぐり活動〉 ・どんぐりの芽を発見 ・どんぐりを植える ・どんぐりの鉢を飾る（土，プリンカップ，紙粘土を用意）

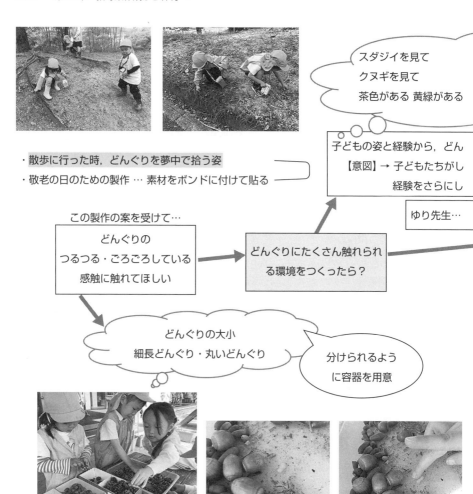

図13-2 活動を支える教材研究「どんぐり活動の過程」

2．3歳児「教材研究と日々のつながりから保育計画を立てる」

→ ドレス着てるみたい
→ 王様どんぐり　　　＝見立てる力
→ 色の気付き

ぐりをボンドに貼る製作をしたいと思う
ているどんぐりの気付きよりも、ボンドに素材を付ける
てほしい

子どもが「今」興味のあるどんぐりに注目している

どんぐり迷路

ままごと

水・泥
フライパン・お鍋・トング・お玉

どんぐりをトッピングにして、ケーキに見立てる姿

どんぐり虫を発見！ → どんぐり虫がいる場所を探す → どんぐり虫に夢中 →

子どもが見つけたどんぐり虫のいそうなどんぐりを
割れるように木槌でどんぐりを割ってみる

(図13-2の続き)

> どんぐりの中身の色の違い
> どんぐりの中身の中はどうなっているの？
> ↓
> 1つの物への興味

「この姿をどう広げていこう…」

「とことんこだわってほしい」

> 透明の容器を用意
> ・どんぐりの殻
> ・中身をすりつぶしたもの

> レッジョエミリアの言葉から
> 細かくした物を再生する
> 新しくくっつける・固める
> ↓
> 作品　形に残す

「やっていることを見える化できたらいいね！」

【どんぐりの芽】

落ちていたどんぐりから芽が出ていることを発見！　どんぐりから芽が出てくる！　「すごい！」

「埋めたい！」　　土・カップ用意

2．3歳児「教材研究と日々のつながりから保育計画を立てる」

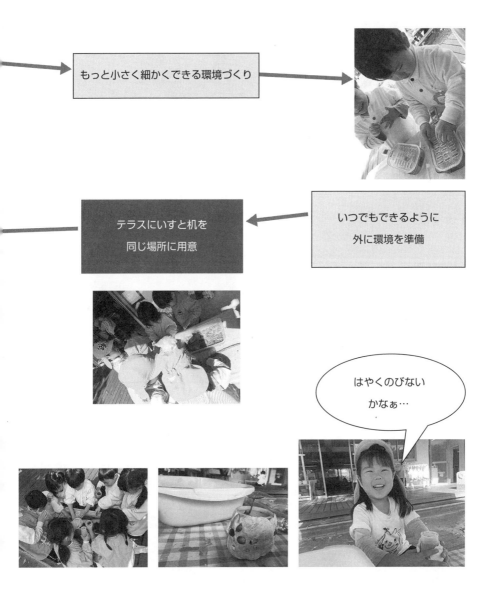

「やりたい！」　みんな同じカップだと分からないね → 自分だけの花瓶づくり

> ①どんぐりで遊ぼう
> どんぐりままごと
> (大きさ・色・形の違いに気付く)
> どんぐり迷路
> (形の違い・転がり方の違い・重さの違いに気付く,見通しをもつ)

秋の自然
どんぐり

> ④どんぐりを育てよう
> どんぐりの芽に気付く
> (自然への興味・成長への期待)
> 鉢をどんぐりで飾る
> (自分の鉢への愛着・どんぐりへの思いやり)

図13-3 どんぐりに触れるところから,遊びを広げ深めていく計画の過程

2．3歳児「教材研究と日々のつながりから保育計画を立てる」　143

②どんぐり虫を見つける
どんぐりを仕分する
（大きさ・色・形の違いに気付く）
どんぐり虫の発見
（自然への興味・虫を探す・調べる・幼虫を育てる）

に出会う
遊び

③どんぐりを割って砕こう
どんぐりを割る・皮をむく・砕く・削る
（手加減・操作性・中身の違いに気付く）

144　第13章　指導案作成から保育へ

〈どんぐりで遊ぼう〉

子どもの姿と活動内容　10月29日～30日	子ども理解と保育者のねらい・環境設定
散歩に行って、たくさんのどんぐりに出会う。松ぼっくりやどんぐりを夢中で拾って、楽しむ姿が見られる。 よく見て違いに気付く姿が見られる。 「茶色がある」「黄緑もある」 →色の違いに気付く ・ほかのどんぐりよりも大きいシラカシの実を見て →「王様どんぐり」 ・かさのひらひらなスダジイを見て →「ドレスを着ているみたい」 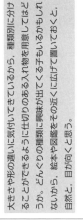 砂のご飯の中に栗を入れて飯に見立てたり、泥のケーキの上に並べてデコレーションしたりしている。鍋の中で混ぜてころころ転がる感触を楽しんでいる姿も見られた。  細長いどんぐり、丸いどんぐりを転がしていた楽しんでいる。 どんぐりの転がる様子を観察しながら、重さや形の違いに気付く様子が見られる。また、図鑑を見て同じ形のものがあると「見つけた」と言ってくる子もいた。	秋の自然が豊かになってきたので、園庭や近くの山に行って、木の実や落ち葉を拾い、秋の自然に親しみ興味をもってもらいたい。 散歩で木の実などを拾って集めることができるように、牛乳パックでつくったバッグを一人一つ首にかけて出かけよう。 どんぐりに興味をもっているので、どんぐりを使った製作ができる環境を用意したい。 〈先輩のアドバイス〉 子どもたちはどんぐりそのものに注目している。もっとどんぐりに触れて感触を楽しんだり、どんぐりの違いに気付く時間をつくってはどうか。 確かに触っているうちにどんぐりの大きさや色、形の違いに気付く姿が見られる。どんぐりに触れながらほかのものに見立てて遊ぶ姿も見られる。製作をする前に、どんぐりにたくさん触れて遊ぶ経験がもっと必要だと感じる。触って遊びやすいようにするために、ままごとに使えるように箱に入れて置いておこう。  大きさや形の違いに気付くようにしているから、種類別に分けることができるように仕切りのある入れ物を用意してはどうか。どんぐりの種類に興味に出てくる子もいるかもしれないから、絵本や図鑑をその近くに広げておくと、自然と、目が向くと思う。 どんぐりの転がる様子を楽しむ姿が見られるので、転がして遊べるようなところをつくった。机の上や壁面にどんぐりが転がるコースをつくり、傾斜や幅も変えてみた。 

図13-4① 指導計画を立てるプロセス

2．3歳児「教材研究と日々のつながりから保育計画を立てる」　145

〈どんぐり虫を見つける〉

子どもの姿と活動内容　10月31日	子ども理解と保育者のねらい・環境設定
どんぐりを仕分けしているうちに、穴が空いているどんぐりを見つける。 どんぐりの側に白い動くものをたくさん見つける。 どんぐりを食べる虫だと知り、どんぐり虫を探すことに夢中になる。 「もっと探したい」 「穴の空いたどんぐりの中にいるかもしれない」 「白い虫は大きくなったらどうなるのだろう」 「白い虫を育てたい。成虫を見たい」 「虫を飼いたい」  「どんぐりを割って中にもっと虫がいないか確かめたい」 「どんぐりを割りたい」 「虫を育てたい」 	子どもたちがどんぐりの大きさや形の違いに気付き、種類別に分けようとするので、分けて入れやすい容器を準備しよう。 虫の好きな子たちが、どんぐり虫を集めたがっているので、平らなケースにどんぐりを広げ、見やすいようにしよう。 子どもが、どんぐり虫がどうなるのか興味をもっているから、図鑑などで調べてみて、昆虫の生態への興味を深めてあげたいな。 どんぐりの中に卵を産み、幼虫になってどんぐりを食べることを知ると、子どもは成虫が見たくなるのではないか。育てたいと言ったらどうするか考えよう。 どんぐりを食べる虫がコナラシギゾウムシということが分かり、図鑑に成虫の写真が載っていた。成虫の写真を見たらいずれこのように成長するかもしれないのに育てたいという気持ちが持ってきそうだ。どのように育てようか。 子どもが興味をもっていることに着目し、やりたいことを支えることで子どもの本当の力が育つので、今のやりたいを見逃したくないね。 どんぐりの中に幼虫がいることを知り、どんぐりを割りたいと言いだしている。 どんぐりを割って皮をむけさせるように木槌を用意しよう。 割る時の手先のコントロールや巧緻性の育ちも大切だから、危険がないように手を添えながら自分で割らせてあげよう。 集めた虫を育てたいという子どもたちのために、土を入れた容器を用意しよう。

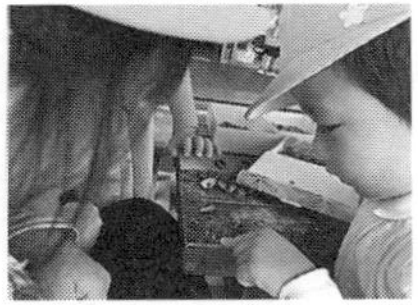

〈図13-4②〉

146　第13章　指導案作成から保育へ

〈割って砕こう〉

子どもの姿と活動内容　11月1日	子ども理解と保育者のねらい・環境設定
どんぐりを割り中に虫がいないか探している。 割れているどんぐりを指先を器用に使ってどんどん皮をむいている。 「どんぐりの中身ってこうなっているのか」 ［中身は色が違う］ ［白くて少しやわらかい］ ［つぶしてみたい］ ［削ってみたい］	虫にこだわっている子もいれば、どんぐりの中身に興味を示している子もいる。どんぐりの割れ目に指を入れて、手先に力を入れてむいている。むいていくうちに中身の色や質感の違いにも気付いている。子どもの観察力や探究心はとどまるところを知らない。 夢中なことに、とことんこだわらせてあげよう。 知りたい意欲が、割る、むく、削る、砕くにつながっている。 むいて中身をよく触って観察しているよね。 そのうち何かに使いたくなると思うから様子を見よう。 すり鉢やおろし器を置いておこう。 砕いて粉々になったものもせっかくだから使えないかな。 何かに使えるように入れ物に入れておくといいね。 粉の色の違いも観察できるから。 分類して見えやすい透明の容器に入れておこう。

〈図13-4③〉

2．3歳児「教材研究と日々のつながりから保育計画を立てる」　147

〈どんぐりを育てよう〉

子どもの姿と活動内容　11月2日	子ども理解と保育者のねらい・環境設定
どんぐりで遊ぶうちに、どんぐりの変化に気付く。 どんぐりから、虫とは違う白いものが出ていることに気付く。 「どんぐりから白いものが出てる」 「虫とは違う」 「どんどん大きくなったらどんぐりの木になるの？」 虫を育てて成虫になるのを見たいという気持ちと同じように、どんぐりの芽を見たいという気持ちになっている。 それぞれプリンカップに土を入れてどんぐりを植える。 並べて置いておくと、だれのどんぐりか分からなくなり、もめ始める。 だれのものかがわかるように、入れ物に粘土と木の実で飾りを付けて楽しむ。	どんぐりに触れているうちに、どんぐりの変化に気付いている。 どんぐりから芽が出ているのを発見した子がいた。ほかの子どもたちにも発信したい。 どんぐりの「芽」だということを伝え、育てたらどんぐりの木になるかもしれないことを教えた。 子どもたちがどんぐりの芽を植えて、木になるのを見たいという気持ちが出てきた。 ドングリから芽が出て育っていくかわからないけれども、「植えたい」という気持ちを大切にしたいね。 自分のドングリを育てたいという気持ちに応えて1人1つのプリンカップを用意。土も用意してそれぞれが植えられるようにしよう。 植える入れ物に粘土で飾りをしたら楽しいかな。 粘土と木の実を使って、プリンカップの容器を飾るようにしよう。

〈図13-4④〉

3. 4歳児「計画を立てるという試行を学ぶ」
～新任保育者と先輩保育者のやりとりを通して～

　新任保育者が計画を立てる時に、何を参考にして計画を立てたらいいのだろうか。ここでは、入ったばかりの1年目の保育者が計画を立てるということを学んでいけるように、先輩保育者とのやりとりを通して組み立てていく様子を見てみよう。

　園では、保育計画を立てる時にまず参考にするのは、長期のねらいとしての教育課程である。教育課程には、どのようなことが書かれているだろうか。

〈4歳児の教育課程の4期（例）〉

4歳児　教育課程（4期　11月～12月）	
子どもの姿	ねらいと内容
・散歩や園庭で遊ぶ中で、落ち葉や木の実など秋の自然に気付き、遊びの中に取り入れる姿が見られる（ネックレス・こま）。 ・秋の自然に親しみ、子どもも家から自然物を持ってくる姿がある。 ・運動会が自信になり、友達と一緒ならできる！の気持ちになって、視野も広がり意欲的になっている。 ・物にじっくり取り組もうとする姿がある。	◎秋の自然に触れ、色や形の変化の美しさや不思議さに気付き、遊びの中に取り入れる ◎秋の自然に気付き、みんなで一緒につくる楽しさ、夢中さ、イメージを広げながら、世界観を友達と共有する楽しさを味わえるようにする ◎今の季節にしか味わえない製作を楽しめるようにする

　上記のような教育課程をもとに、具体的な指導計画を立てていく。では、新任保育者が保育計画を立てていくプロセスを順を追って見てみよう。

　① **新任保育者の指導案**（図13-5）

　まず、1年目の新任保育者が立てた指導案は図13-5である。

　しかし、子どもの姿の読み取りが十分でないため、子どもの姿に合わせた環境構成や保育の組み立てを考えるのが難しく、保育者のねらいが中心の保育計画になっている。そこで、先週までの子どもの姿を先輩保育者と

ともに振り返ってみた。

② **子どもの姿**（図13-6）

先週の子どもの姿はどのようなものが見られたか，写真に吹き出しを付け，子どもの思いを書きだし，そこから見える子どもの姿や育ちを先輩保育者とともに考えてみた。そして翌週予想される姿を考え，保育計画に結び付けていく。

③ **先輩保育者とつくる指導案**（図13-7）

子どもの姿を先輩保育者とともに細かく分析し，その子どもの姿から次に予測される子どもの姿を考え，新たにねらいを立てたものが図14-7である。このようなやりとりを通して子ども理解が深まり，ねらいを立て，計画に結び付けていくことができる。

④ **先輩保育者と振り返った後，新任保育者が作成した指導案**（図13-8）

先輩保育者と子どもの姿を振り返り，そこからねらいを立て，そして具体的に指導案を書いたものが図13-8である。子どもの姿を捉え，姿に合ったねらいを立て，それに合った環境を考え完成させたものである。

以上，指導案を書くのは難しいが，指導する先輩保育者が，新任保育者の子どもの理解への気付きを十分に支えることで，ねらいの立て方が分かり，環境構成を考え計画を立てていくことができる。

まとめの課題

見学実習や実習などでの子どもたちの姿を思い浮かべながら「子どもの姿」「保育者の願い（経験してもらいたこと）」「そのための手立て（環境やかかわり）」という３つの視点で保育の計画を作成してみよう。

※下記の指導案では，新任保育者の子どもの姿の読み取りが不十分なため，うに進めていくかイメージするのが難しい様子である。そこで指導する先たね」など，子どもの姿を深く読み取る手助けをしたり，「素材から何かのような，次への環境設定や手立ての助言をし，共に指導計画を立てていく

	10月22日（月）	10月23日（火）
子どもの姿	運動会明けでがんばったことが自信につながっている。	木の実を家から持ってくる。
日のねらい	がんばりを認め，秋の味覚を感じられるごほうびクッキングをする。運動会の経験画をコーナーでかく。	秋の自然に気付く。
日　案	8：30　登園・身辺整理 　　　自由遊び（泥だんごづくり・虫捕り・秋の自然物コーナー） 10：20　片付け・排泄・歌 10：30　あいさつ・名前呼び 10：40　クッキング 11：40　排泄・手洗い・給食 　　　自由遊び（泥だんご） 13：00　降園準備　お知らせタイム 14：00　降園	自由遊び・園庭コーナー（自然物）オブジェづくり・どんぐりネックレス 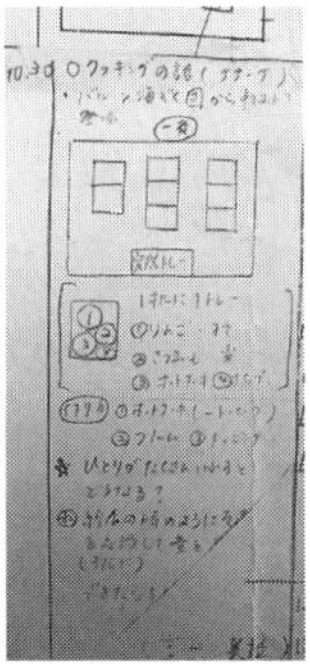
環境・写真	・運動会経験画コーナー ・ハロウィン 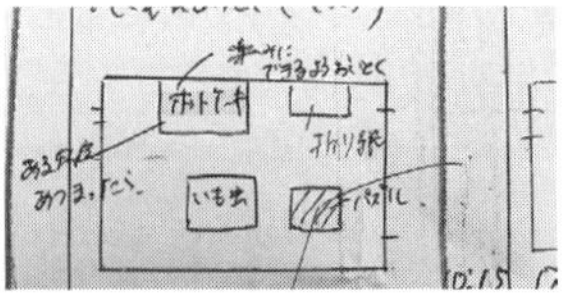	自然物コーナー

図13-5　新任保育者が作成した指導案

3．4歳児「計画を立てるという試行を学ぶ」～新任保育者と先輩保育者のやりとりを通して～　　151

秋の素材や製作のきっかけとなる環境準備に迷いが見られる。また，どのよ
輩保育者は「先週の子どもの姿はどうだったか」「秋の自然に目が向いてき
つくりたくなるきっかけづくりができるかな。絵本から世界を広げてみる？」
く。

10月24日（水）	10月25日（木）	10月26日（金）
素材を知る。	自然物で製作を楽しむ。	素材を見て製作を楽しむ。
素材に気付く。	製作を楽しむ。	製作を楽しむ。
自由遊び（自然物・紙粘土を使って…虫・オブジェ）	自由遊び（自然物・紙粘度を使って…虫・いもむし列車・人形・オブジェ）	
どんぐりネックレス		どんぐりアート

第13章　指導案作成から保育へ

実際の子どもの姿から保育の計画を立てていく。
この時期どのような子どもの姿が現れていたのだろうか。
下の写真から今の子どもの姿を読み取ってみる。

泥だんご・物にじっくり向き合う

友達と自然に肩を組んじゃう

最初はこのべちゃべちゃの泥がいいよ！

僕もピカピカの泥だんごつくってみたい

秋を見つける！　感じる！

頭から食べてるなあ～

そうやで！カマキリのエサはバッタやねん！

カマキリがバッタ食べてる！

あ，どんぐりが上にもいっぱいある！

図13-6　先週の姿はどんな姿だった？

3.4歳児「計画を立てるという試行を学ぶ」～新任保育者と先輩保育者のやりとりを通して～ 153

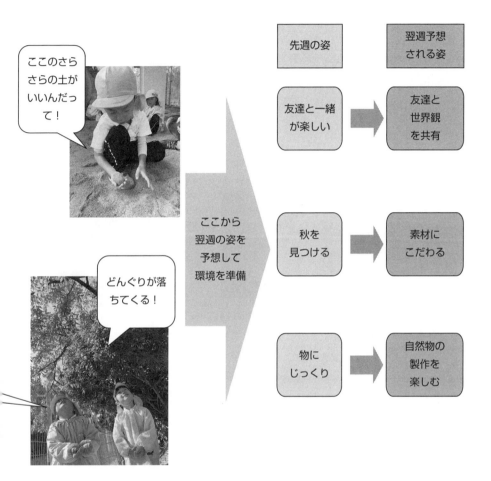

※子どもの姿をもとに，先輩保育者とともに振り返り，ねらいを立てていくとともに指導案をつくっていく。

	先週の姿	10月22日（月）	10月23日（火）
実態からのねらい	秋の自然に気付き，物にじっくり向き合う 	秋の自然が豊かになり，製作意欲がわいてくるので，秋の絵本を置いたり自然物を置いたりし，きっかけづくりをする。 	絵本や自然物に興味を示し，製作意欲がわいてくるので，環境を準備してもっと興味をもってもらいたい。  
先輩保育者の助言と，新任保育者の気付き（新任保育者の気付きは太字）	「季節を感じられるようにクッキングの中にも秋を感じられるような食べ物を入れてみる？　**クッキングや散歩から秋の自然に興味がわいたらいいね**」	「秋の自然に目が向いてきたね。虫を観察したり，外のコーナーでの製作がきっかけづくりになるから，**つくった子の作品を紹介したり，つくり方をお知らせタイムで知らせてもらおうか**」	「どんぐりや松ぼっくりを種類ごとに分けたくなると思うから，素材を分ける瓶や箱を用意する？　どんぐりの種類ごとの写真なども分かるとより細かく分けたくなるから，図鑑をコピーして貼りだしておこうか。きっと調べたくなると思うよ」

図13-7　子どもの姿をもとに立てたねらいと，先輩保育者の助言

3.4歳児「計画を立てるという試行を学ぶ」〜新任保育者と先輩保育者のやりとりを通して〜　　155

過程が下記の通りである。このような投げかけ方を踏まえた上で新任保育者

10月24日（水）	10月25日（木）	10月26日（金）
素材の違いや種類ごとに分けたくなるので，素材ごとの特徴に気付けるようにする。材料を探したくなるので秋を見つけて楽しむ。	つくりたい意欲がわいてきているので，絵本や見本からイメージがわくようにつくることを一緒に楽しむ。	製作した物を素敵に飾っておくことによって，より製作意欲がわいているので，イメージが形になるように飾っていく。
「素材から何かつくりたくなるきっかけづくりができるかな。絵本から世界を広げてみる？」「『いもむしれっしゃ』の本はどうですか？ いろんな虫も出てきて子どもたち好きそうです」	「先生の見本を置いておくと，つくりたくなるかな？　すごい!!　かわいい！　つくってみたい！　となるような見本を子どもが気付くところに置いておこうか」「イメージを共有できるように子どもたちの意見を聞きながら絵にかいてまとめるといいかもね」「見本を置いたらより本物っぽく意識してつくっていました」	「イメージした物をより本物っぽくしたいというこだわりが出てくるから，見本や，飾り方，素材も意識して準備していこうか」「絵本のイメージをふくらませたいなら，子どもと相談しながら何の素材でつくれるかや，色や形の似ている物の話をしてみる？　先生自身もどう広がっていくかマッピングを自分でも広げて指導案を立てたらいいね」

	10月22日（月）	10月23日（火）
子どもの姿	秋の自然に興味をもち，触れて遊んだり，自然物を使っての製作意欲が見られる。	絵本や自然物に興味を示し，製作意欲がわいている。
日のねらい	秋の自然に興味をもち，遊んだり，製作したりして秋の自然に親しむ。	絵本を見たり，友達がつくる様子を見ながら，様々な自然物を使って，好きな物をつくる。
日案と環境構成	8：30　登園・身辺整理 　　　　自由遊び（泥だんごづくり・虫捕り・秋の自然物コーナー）  10：20　片付け・排泄・歌 10：30　あいさつ・名前呼び 10：40　お芋のクッキング 11：40　排泄・手洗い・給食 12：30　自由遊び（泥だんご） 13：00　降園準備 　　　　お知らせタイム 14：00　降園	自由遊び・園庭コーナー （自然物製作：オブジェづくり・どんぐりネックレス）   

図13-8　先輩保育者とともに振り返った後，新任保育者が作成した指導案

3.4歳児「計画を立てるという試行を学ぶ」～新任保育者と先輩保育者のやりとりを通して～

10月24日（水）	10月25日（木）	10月26日（金）
素材の違いや種類に気付き，分けようとしている。	製作意欲がわき，イメージを広げようとしている。	製作した物を飾ることで，さらにイメージが広がり，製作しようとする。
素材の違いを生かし，気に入った自然物を使ってイメージするものをつくる。	絵本からイメージを広げ，つくりたいものをつくる。	つくった物を飾り，さらにイメージを広げ，製作をする。
自由遊び （自然物製作：虫・オブジェ）	自由遊び （自然物製作：自然物と紙粘土を使って…虫・いもむし列車・人形・オブジェ）	自由遊び （自然物製作：絵本の世界でパノラマをつくる）

学校教育法（抄）（平成30年6月1日法律第39号改正，平成31年4月1日施行）

昭和22年3月31日法律第26号

第二十二条　幼稚園は，義務教育及びその後の教育の基礎を培うものとして，幼児を保育し，幼児の健やかな成長のために適当な環境を与えて，その心身の発達を助長することを目的とする。

第二十三条　幼稚園における教育は，前条に規定する目的を実現するため，次に掲げる目標を達成するよう行われるものとする。
　一　健康，安全で幸福な生活のために必要な基本的な習慣を養い，身体諸機能の調和的発達を図ること。
　二　集団生活を通じて，喜んでこれに参加する態度を養うとともに家族や身近な人への信頼感を深め，自主，自律及び協同の精神並びに規範意識の芽生えを養うこと。
　三　身近な社会生活，生命及び自然に対する興味を養い，それらに対する正しい理解と態度及び思考力の芽生えを養うこと。
　四　日常の会話や，絵本，童話等に親しむことを通じて，言葉の使い方を正しく導くとともに，相手の話を理解しようとする態度を養うこと。
　五　音楽，身体による表現，造形等に親しむことを通じて，豊かな感性と表現力の芽生えを養うこと。

幼稚園教育要領（抄）（平成29年3月31日改正，平成30年4月1日施行）

平成29年文部科学省告示第62号

第1章　総　則
第1　幼稚園教育の基本

　幼児期の教育は，生涯にわたる人格形成の基礎を培う重要なものであり，幼稚園教育は，学校教育法に規定する目的及び目標を達成するため，幼児期の特性を踏まえ，環境を通して行うものであることを基本とする。
　このため教師は，幼児との信頼関係を十分に築き，幼児が身近な環境に主体的に関わり，環境との関わり方や意味に気付き，これらを取り込もうとして，試行錯誤したり，考えたりするようになる幼児期の教育における見方・考え方を生かし，幼児と共によりよい教育環境を創造するように努めるものとする。これらを踏まえ，次に示す事項を重視して教育を行わなければならない。
　1　幼児は安定した情緒の下で自己を十分に発揮することにより発達に必要な体験を得ていくものであることを考慮して，幼児の主体的な活動を促し，幼児期にふさわしい生活が展開されるようにすること。
　2　幼児の自発的な活動としての遊びは，心身の調和のとれた発達の基礎を培う重要な学習であることを考慮して，遊びを通しての指導を中心として第2章に示すねらいが総合的に達成されるようにすること。
　3　幼児の発達は，心身の諸側面が相互に関連し合い，多様な経過をたどって成し遂げられていくものであること，また，幼児の生活経験がそれぞれ異なることなどを考慮して，幼児一人一人の特性に応じ，発達の課題に即した指導を行うようにすること。

　その際，教師は，幼児の主体的な活動が確保されるよう幼児一人一人の行動の理解と予想に基づき，計画的に環境を構成しなければならない。この場合において，教師は，幼児と人やものとの関わりが重要であることを踏まえ，教材を工夫し，物的・空間的環境を構成しなければならない。また，幼児一人一人の活動の場面に応じて，様々な役割を果たし，その活動を豊かにしなければならない。

第2　幼稚園教育において育みたい資質・能力及び「幼児期の終わりまでに育ってほしい姿」

　1　幼稚園においては，生きる力の基礎を育むため，この章の第1に示す幼稚園教育の基本を踏まえ，次に掲げる資質・能力を一体的に育むよう努めるものとする。

(1)　豊かな体験を通じて，感じたり，気付いたり，分かったり，できるようになったりする「知識及び技能の基礎」
　(2)　気付いたことや，できるようになったことなどを使い，考えたり，試したり，工夫したり，表現したりする「思考力，判断力，表現力等の基礎」
　(3)　心情，意欲，態度が育つ中で，よりよい生活を営もうとする「学びに向かう力，人間性等」
2　1に示す資質・能力は，第2章に示すねらい及び内容に基づく活動全体によって育むものである。
3　次に示す「幼児期の終わりまでに育ってほしい姿」は，第2章に示すねらい及び内容に基づく活動全体を通して資質・能力が育まれている幼児の幼稚園修了時の具体的な姿であり，教師が指導を行う際に考慮するものである。
　(1)　健康な心と体
　　　幼稚園生活の中で，充実感をもって自分のやりたいことに向かって心と体を十分に働かせ，見通しをもって行動し，自ら健康で安全な生活をつくり出すようになる。
　(2)　自立心
　　　身近な環境に主体的に関わり様々な活動を楽しむ中で，しなければならないことを自覚し，自分の力で行うために考えたり，工夫したりしながら，諦めずにやり遂げることで達成感を味わい，自信をもって行動するようになる。
　(3)　協同性
　　　友達と関わる中で，互いの思いや考えなどを共有し，共通の目的の実現に向けて，考えたり，工夫したり，協力したりし，充実感をもってやり遂げるようになる。
　(4)　道徳性・規範意識の芽生え
　　　友達と様々な体験を重ねる中で，してよいことや悪いことが分かり，自分の行動を振り返ったり，友達の気持ちに共感したりし，相手の立場に立って行動するようになる。また，きまりを守る必要性が分かり，自分の気持ちを調整し，友達と折り合いを付けながら，きまりをつくったり，守ったりするようになる。
　(5)　社会生活との関わり
　　　家族を大切にしようとする気持ちをもつとともに，地域の身近な人と触れ合う中で，人との様々な関わり方に気付き，相手の気持ちを考えて関わり，自分が役に立つ喜びを感じ，地域に親しみをもつようになる。また，幼稚園内外の様々な環境に関わる中で，遊びや生活に必要な情報を取り入れ，情報に基づき判断したり，情報を伝え合ったり，活用したりするなど，情報を役立てながら活動するようになるとともに，公共の施設を大切に利用するなどして，社会とのつながりなどを意識するようになる。
　(6)　思考力の芽生え
　　　身近な事象に積極的に関わる中で，物の性質や仕組みなどを感じ取ったり，気付いたりし，考えたり，予想したり，工夫したりするなど，多様な関わりを楽しむようになる。また，友達の様々な考えに触れる中で，自分と異なる考えがあることに気付き，自ら判断したり，考え直したりするなど，新しい考えを生み出す喜びを味わいながら，自分の考えをよりよいものにするようになる。
　(7)　自然との関わり・生命尊重
　　　自然に触れて感動する体験を通して，自然の変化などを感じ取り，好奇心や探究心をもって考え言葉などで表現しながら，身近な事象への関心が高まるとともに，自然への愛情や畏敬の念をもつようになる。また，身近な動植物に心を動かされる中で，生命の不思議さや尊さに気付き，身近な動植物への接し方を考え，命あるものとしていたわり，大切にする気持ちをもって関わるようになる。
　(8)　数量や図形，標識や文字などへの関心・感覚
　　　遊びや生活の中で，数量や図形，標識や文字などに親しむ体験を重ねたり，標識や文字の役割に気付いたりし，自らの必要感に基づきこれらを活用し，興味や関心，感覚をもつようになる。
　(9)　言葉による伝え合い
　　　先生や友達と心を通わせる中で，絵本や物語などに親しみながら，豊かな言葉や表現を身に付け，経験したことや考えたことなどを言葉で伝えたり，相手の話を注意して聞いたりし，言葉による伝え合いを楽しむようになる。
　(10)　豊かな感性と表現
　　　心を動かす出来事などに触れ感性を働かせる中で，様々な素材の特徴や表現の仕方などに気

付き，感じたことや考えたことを自分で表現したり，友達同士で表現する過程を楽しんだりし，表現する喜びを味わい，意欲をもつようになる。

第3　教育課程の役割と編成等（略）

第4　指導計画の作成と幼児理解に基づいた評価
 1　指導計画の考え方
 　幼稚園教育は，幼児が自ら意欲をもって環境と関わることによりつくり出される具体的な活動を通して，その目標の達成を図るものである。
 　幼稚園においてはこのことを踏まえ，幼児期にふさわしい生活が展開され，適切な指導が行われるよう，それぞれの幼稚園の教育課程に基づき，調和のとれた組織的，発展的な指導計画を作成し，幼児の活動に沿った柔軟な指導を行わなければならない。
 2　指導計画の作成上の基本的事項
 　(1)　指導計画は，幼児の発達に即して一人一人の幼児が幼児期にふさわしい生活を展開し，必要な体験を得られるようにするために，具体的に作成するものとする。
 　(2)　指導計画の作成に当たっては，次に示すところにより，具体的なねらい及び内容を明確に設定し，適切な環境を構成することなどにより活動が選択・展開されるようにするものとする。
 　　ア　具体的なねらい及び内容は，幼稚園生活における幼児の発達の過程を見通し，幼児の生活の連続性，季節の変化などを考慮して，幼児の興味や関心，発達の実情などに応じて設定すること。
 　　イ　環境は，具体的なねらいを達成するために適切なものとなるように構成し，幼児が自らその環境に関わることにより様々な活動を展開しつつ必要な体験を得られるようにすること。その際，幼児の生活する姿や発想を大切にし，常にその環境が適切なものとなるようにすること。
 　　ウ　幼児の行う具体的な活動は，生活の流れの中で様々に変化するものであることに留意し，幼児が望ましい方向に向かって自ら活動を展開していくことができるよう必要な援助をすること。

 　その際，幼児の実態及び幼児を取り巻く状況の変化などに即して指導の過程についての評価を適切に行い，常に指導計画の改善を図るものとする。
 3　指導計画の作成上の留意事項（略）
 4　幼児理解に基づいた評価の実施
 　幼児一人一人の発達の理解に基づいた評価の実施に当たっては，次の事項に配慮するものとする。
 　(1)　指導の過程を振り返りながら幼児の理解を進め，幼児一人一人のよさや可能性などを把握し，指導の改善に生かすようにすること。その際，他の幼児との比較や一定の基準に対する達成度についての評定によって捉えるものではないことに留意すること。
 　(2)　評価の妥当性や信頼性が高められるよう創意工夫を行い，組織的かつ計画的な取組を推進するとともに，次年度又は小学校等にその内容が適切に引き継がれるようにすること。

第5～第7（略）

第2章　ねらい及び内容
環　境
〔周囲の様々な環境に好奇心や探究心をもって関わり，それらを生活に取り入れていこうとする力を養う。〕
 1　ねらい
 　(1)　身近な環境に親しみ，自然と触れ合う中で様々な事象に興味や関心をもつ。
 　(2)　身近な環境に自分から関わり，発見を楽しんだり，考えたりし，それを生活に取り入れようとする。
 　(3)　身近な事象を見たり，考えたり，扱ったりする中で，物の性質や数量，文字などに対する感覚を豊かにする。
 2　内　容

(1) 自然に触れて生活し，その大きさ，美しさ，不思議さなどに気付く。
(2) 生活の中で，様々な物に触れ，その性質や仕組みに興味や関心をもつ。
(3) 季節により自然や人間の生活に変化のあることに気付く。
(4) 自然などの身近な事象に関心をもち，取り入れて遊ぶ。
(5) 身近な動植物に親しみをもって接し，生命の尊さに気付き，いたわったり，大切にしたりする。
(6) 日常生活の中で，我が国や地域社会における様々な文化や伝統に親しむ。
(7) 身近な物を大切にする。
(8) 身近な物や遊具に興味をもって関わり，自分なりに比べたり，関連付けたりしながら考えたり，試したりして工夫して遊ぶ。
(9) 日常生活の中で数量や図形などに関心をもつ。
(10) 日常生活の中で簡単な標識や文字などに関心をもつ。
(11) 生活に関係の深い情報や施設などに興味や関心をもつ。
(12) 幼稚園内外の行事において国旗に親しむ。

3 内容の取扱い
上記の取扱いに当たっては，次の事項に留意する必要がある。
(1) 幼児が，遊びの中で周囲の環境と関わり，次第に周囲の世界に好奇心を抱き，その意味や操作の仕方に関心をもち，物事の法則性に気付き，自分なりに考えることができるようになる過程を大切にすること。また，他の幼児の考えなどに触れて新しい考えを生み出す喜びや楽しさを味わい，自分の考えをよりよいものにしようとする気持ちが育つようにすること。
(2) 幼児期において自然のもつ意味は大きく，自然の大きさ，美しさ，不思議さなどに直接触れる体験を通して，幼児の心が安らぎ，豊かな感情，好奇心，思考力，表現力の基礎が培われることを踏まえ，幼児が自然との関わりを深めることができるよう工夫すること。
(3) 身近な事象や動植物に対する感動を伝え合い，共感し合うことなどを通して自分から関わろうとする意欲を育てるとともに，様々な関わり方を通してそれらに対する親しみや畏敬の念，生命を大切にする気持ち，公共心，探究心などが養われるようにすること。
(4) 文化や伝統に親しむ際には，正月や節句など我が国の伝統的な行事，国歌，唱歌，わらべうたや我が国の伝統的な遊びに親しんだり，異なる文化に触れる活動に親しんだりすることを通じて，社会とのつながりの意識や国際理解の意識の芽生えなどが養われるようにすること。
(5) 数量や文字などに関しては，日常生活の中で幼児自身の必要感に基づく体験を大切にし，数量や文字などに関する興味や関心，感覚が養われるようにすること。

保育所保育指針（抄）（平成29年3月31日改正，平成30年4月1日施行）

平成29年厚生労働省告示第117号

第1章 総 則

この指針は，児童福祉施設の設備及び運営に関する基準（昭和23年厚生省令第63号。以下「設備運営基準」という。）第35条の規定に基づき，保育所における保育の内容に関する事項及びこれに関連する運営に関する事項を定めるものである。各保育所は，この指針において規定される保育の内容に係る基本原則に関する事項等を踏まえ，各保育所の実情に応じて創意工夫を図り，保育所の機能及び質の向上に努めなければならない。

1 保育所保育に関する基本原則
(1) 保育所の役割（略）
(2) 保育の目標
　ア 保育所は，子どもが生涯にわたる人間形成にとって極めて重要な時期に，その生活時間の大半を過ごす場である。このため，保育所の保育は，子どもが現在を最も良く生き，望ましい未来をつくり出す力の基礎を培うために，次の目標を目指して行わなければならない。
　　(ｱ) 十分に養護の行き届いた環境の下に，くつろいだ雰囲気の中で子どもの様々な欲求を満たし，生命の保持及び情緒の安定を図ること。
　　(ｲ) 健康，安全など生活に必要な基本的な習慣や態度を養い，心身の健康の基礎を培うこと。
　　(ｳ) 人との関わりの中で，人に対する愛情と信頼感，そして人権を大切にする心を育てるとともに，自主，自立及び協調の態度を養い，道徳性の芽生えを培うこと。

(エ) 生命，自然及び社会の事象についての興味や関心を育て，それらに対する豊かな心情や思考力の芽生えを培うこと。
　　(オ) 生活の中で，言葉への興味や関心を育て，話したり，聞いたり，相手の話を理解しようとするなど，言葉の豊かさを養うこと。
　　(カ) 様々な体験を通して，豊かな感性や表現力を育み，創造性の芽生えを培うこと。
　イ　保育所は，入所する子どもの保護者に対し，その意向を受け止め，子どもと保護者の安定した関係に配慮し，保育所の特性や保育士等の専門性を生かして，その援助に当たらなければならない。

(略)

第2章　保育の内容
1　乳児保育に関わるねらい及び内容
　(1) 基本的事項
　　ア　乳児期の発達については，視覚，聴覚などの感覚や，座る，はう，歩くなどの運動機能が著しく発達し，特定の大人との応答的な関わりを通じて，情緒的な絆が形成されるといった特徴がある。これらの発達の特徴を踏まえ，乳児保育は，愛情豊かに，応答的に行われることが特に必要である。
　　イ　本項においては，この時期の発達の特徴を踏まえ，乳児保育の「ねらい」及び「内容」については，身体的発達に関する視点「健やかに伸び伸びと育つ」，社会的発達に関する視点「身近な人と気持ちが通じ合う」及び精神的発達に関する視点「身近なものと関わり感性が育つ」としてまとめ，示している。
　　ウ　本項の各視点において示す保育の内容は，第1章の2に示された養護における「生命の保持」及び「情緒の安定」に関わる保育の内容と，一体となって展開されるものであることに留意が必要である。
　(2) ねらい及び内容
　　ア　健やかに伸び伸びと育つ
　　　健康な心と体を育て，自ら健康で安全な生活をつくり出す力の基盤を培う。
　　　(ア) ねらい
　　　　① 身体感覚が育ち，快適な環境に心地よさを感じる。
　　　　② 伸び伸びと体を動かし，はう，歩くなどの運動をしようとする。
　　　　③ 食事，睡眠等の生活のリズムの感覚が芽生える。
　　　(イ) 内　容
　　　　① 保育士等の愛情豊かな受容の下で，生理的・心理的欲求を満たし，心地よく生活をする。
　　　　② 一人一人の発育に応じて，はう，立つ，歩くなど，十分に体を動かす。
　　　　③ 個人差に応じて授乳を行い，離乳を進めていく中で，様々な食品に少しずつ慣れ，食べることを楽しむ。
　　　　④ 一人一人の生活のリズムに応じて，安全な環境の下で十分に午睡をする。
　　　　⑤ おむつ交換や衣服の着脱などを通じて，清潔になることの心地よさを感じる。
　　　(ウ) 内容の取扱い　上記の取扱いに当たっては，次の事項に留意する必要がある。
　　　　① 心と体の健康は，相互に密接な関連があるものであることを踏まえ，温かい触れ合いの中で，心と体の発達を促すこと。特に，寝返り，お座り，はいはい，つかまり立ち，伝い歩きなど，発育に応じて，遊びの中で体を動かす機会を十分に確保し，自ら体を動かそうとする意欲が育つようにすること。
　　　　② 健康な心と体を育てるためには望ましい食習慣の形成が重要であることを踏まえ，離乳食が完了期へと徐々に移行する中で，様々な食品に慣れるようにするとともに，和やかな雰囲気の中で食べる喜びや楽しさを味わい，進んで食べようとする気持ちが育つようにすること。なお，食物アレルギーのある子どもへの対応については，嘱託医等の指示や協力の下に適切に対応すること。
　　イ　身近な人と気持ちが通じ合う
　　　受容的・応答的な関わりの下で，何かを伝えようとする意欲や身近な大人との信頼関係を育て，人と関わる力の基盤を培う。

(ア) ねらい
① 安心できる関係の下で、身近な人と共に過ごす喜びを感じる。
② 体の動きや表情、発声等により、保育士等と気持ちを通わせようとする。
③ 身近な人と親しみ、関わりを深め、愛情や信頼感が芽生える。
(イ) 内　容
① 子どもからの働きかけを踏まえた、応答的な触れ合いや言葉がけによって、欲求が満たされ、安定感をもって過ごす。
② 体の動きや表情、発声、喃語等を優しく受け止めてもらい、保育士等とのやり取りを楽しむ。
③ 生活や遊びの中で、自分の身近な人の存在に気付き、親しみの気持ちを表す。
④ 保育士等による語りかけや歌いかけ、発声や喃語等への応答を通じて、言葉の理解や発語の意欲が育つ。
⑤ 温かく、受容的な関わりを通じて、自分を肯定する気持ちが芽生える。
(ウ) 内容の取扱い
上記の取扱いに当たっては、次の事項に留意する必要がある。
① 保育士等との信頼関係に支えられて生活を確立していくことが人と関わる基盤となることを考慮して、子どもの多様な感情を受け止め、温かく受容的・応答的に関わり、一人一人に応じた適切な援助を行うようにすること。
② 身近な人に親しみをもって接し、自分の感情などを表し、それに相手が応答する言葉を聞くことを通して、次第に言葉が獲得されていくことを考慮して、楽しい雰囲気の中での保育士等との関わり合いを大切にし、ゆっくりと優しく話しかけるなど、積極的に言葉のやり取りを楽しむことができるようにすること。

ウ　身近なものと関わり感性が育つ
身近な環境に興味や好奇心をもって関わり、感じたことや考えたことを表現する力の基盤を培う。
(ア) ねらい
① 身の回りのものに親しみ、様々なものに興味や関心をもつ。
② 見る、触れる、探索するなど、身近な環境に自分から関わろうとする。
③ 身体の諸感覚による認識が豊かになり、表情や手足、体の動き等で表現する。
(イ) 内　容
① 身近な生活用具、玩具や絵本などが用意された中で、身の回りのものに対する興味や好奇心をもつ。
② 生活や遊びの中で様々なものに触れ、音、形、色、手触りなどに気付き、感覚の働きを豊かにする。
③ 保育士等と一緒に様々な色彩や形のものや絵本などを見る。
④ 玩具や身の回りのものを、つまむ、つかむ、たたく、引っ張るなど、手や指を使って遊ぶ。
⑤ 保育士等のあやし遊びに機嫌よく応じたり、歌やリズムに合わせて手足や体を動かして楽しんだりする。
(ウ) 内容の取扱い
上記の取扱いに当たっては、次の事項に留意する必要がある。
① 玩具などは、音質、形、色、大きさなど子どもの発達状態に応じて適切なものを選び、その時々の子どもの興味や関心を踏まえるなど、遊びを通して感覚の発達が促されるものとなるように工夫すること。なお、安全な環境の下で、子どもが探索意欲を満たして自由に遊べるよう、身の回りのものについては、常に十分な点検を行うこと。
② 乳児期においては、表情、発声、体の動きなどで、感情を表現することが多いことから、これらの表現しようとする意欲を積極的に受け止めて、子どもが様々な活動を楽しむことを通して表現が豊かになるようにすること。

(3) 保育の実施に関わる配慮事項
ア　乳児は疾病への抵抗力が弱く、心身の機能の未熟さに伴う疾病の発生が多いことから、一人一人の発育及び発達状態や健康状態についての適切な判断に基づく保健的な対応を行うこと。
イ　一人一人の子どもの生育歴の違いに留意しつつ、欲求を適切に満たし、特定の保育士が応答的に関わるように努めること。
ウ　乳児保育に関わる職員間の連携や嘱託医との連携を図り、第3章に示す事項を踏まえ、適切

に対応すること。栄養士及び看護師等が配置されている場合は，その専門性を生かした対応を図ること。
　　エ　保護者との信頼関係を築きながら保育を進めるとともに，保護者からの相談に応じ，保護者への支援に努めていくこと。
　　オ　担当の保育士が替わる場合には，子どものそれまでの生育歴や発達過程に留意し，職員間で協力して対応すること。
2　1歳以上3歳未満児の保育に関わるねらい及び内容
　(1)　基本的事項
　　ア　この時期においては，歩き始めから，歩く，走る，跳ぶなどへと，基本的な運動機能が次第に発達し，排泄の自立のための身体的機能も整うようになる。つまむ，めくるなどの指先の機能も発達し，食事，衣類の着脱なども，保育士等の援助の下で自分で行うようになる。発声も明瞭になり，語彙も増加し，自分の意思や欲求を言葉で表出できるようになる。このように自分でできることが増えてくる時期であることから，保育士等は，子どもの生活の安定を図りながら，自分でしようとする気持ちを尊重し，温かく見守るとともに，愛情豊かに，応答的に関わることが必要である。
　　イ　本項においては，この時期の発達の特徴を踏まえ，保育の「ねらい」及び「内容」について，心身の健康に関する領域「健康」，人との関わりに関する領域「人間関係」，身近な環境との関わりに関する領域「環境」，言葉の獲得に関する領域「言葉」及び感性と表現に関する領域「表現」としてまとめ，示している。
　　ウ　本項の各領域において示す保育の内容は，第1章の2に示された養護における「生命の保持」及び「情緒の安定」に関わる保育の内容と，一体となって展開されるものであることに留意が必要である。
　(2)　ねらい及び内容

　　　（略）

　　ウ　環　境
　　　　周囲の様々な環境に好奇心や探究心をもって関わり，それらを生活に取り入れていこうとする力を養う。
　　(ｱ)　ねらい
　　　①　身近な環境に親しみ，触れ合う中で，様々なものに興味や関心をもつ。
　　　②　様々なものに関わる中で，発見を楽しんだり，考えたりしようとする。
　　　③　見る，聞く，触るなどの経験を通して，感覚の働きを豊かにする。
　　(ｲ)　内　容
　　　①　安全で活動しやすい環境での探索活動等を通して，見る，聞く，触れる，嗅ぐ，味わうなどの感覚の働きを豊かにする。
　　　②　玩具，絵本，遊具などに興味をもち，それらを使った遊びを楽しむ。
　　　③　身の回りの物に触れる中で，形，色，大きさ，量などの物の性質や仕組みに気付く。
　　　④　自分の物と人の物の区別や，場所的感覚など，環境を捉える感覚が育つ。
　　　⑤　身近な生き物に気付き，親しみをもつ。
　　　⑥　近隣の生活や季節の行事などに興味や関心をもつ。
　　(ｳ)　内容の取扱い
　　　　上記の取扱いに当たっては，次の事項に留意する必要がある。
　　　①　玩具などは，音質，形，色，大きさなど子どもの発達状態に応じて適切なものを選び，遊びを通して感覚の発達が促されるように工夫すること。
　　　②　身近な生き物との関わりについては，子どもが命を感じ，生命の尊さに気付く経験へとつながるものであることから，そうした気付きを促すような関わりとなるようにすること。
　　　③　地域の生活や季節の行事などに触れる際には，社会とのつながりや地域社会の文化への気付きにつながるものとなることが望ましいこと。その際，保育所内外の行事や地域の人々との触れ合いを通して行うこと等も考慮すること。
　(3)　保育の実施に関わる配慮事項
　　ア　特に感染症にかかりやすい時期であるので，体の状態，機嫌，食欲などの日常の状態の観察を十分に行うとともに，適切な判断に基づく保健的な対応を心がけること。

イ　探索活動が十分できるように，事故防止に努めながら活動しやすい環境を整え，全身を使う遊びなど様々な遊びを取り入れること。
　　ウ　自我が形成され，子どもが自分の感情や気持ちに気付くようになる重要な時期であることに鑑み，情緒の安定を図りながら，子どもの自発的な活動を尊重するとともに促していくこと。
　　エ　担当の保育士が替わる場合には，子どものそれまでの経験や発達過程に留意し，職員間で協力して対応すること。
3　3歳以上児の保育に関するねらい及び内容
　(1) 基本的事項
　　ア　この時期においては，運動機能の発達により，基本的な動作が一通りできるようになるとともに，基本的な生活習慣もほぼ自立できるようになる。理解する語彙数が急激に増加し，知的興味や関心も高まってくる。仲間と遊び，仲間の中の一人という自覚が生じ，集団的な遊びや協同的な活動も見られるようになる。これらの発達の特徴を踏まえて，この時期の保育においては，個の成長と集団としての活動の充実が図られるようにしなければならない。
　　イ　本項においては，この時期の発達の特徴を踏まえ，保育の「ねらい」及び「内容」について，心身の健康に関する領域「健康」，人との関わりに関する領域「人間関係」，身近な環境との関わりに関する領域「環境」，言葉の獲得に関する領域「言葉」及び感性と表現に関する領域「表現」としてまとめ，示している。
　　ウ　本項の各領域において示す保育の内容は，第1章の2に示された養護における「生命の保持」及び「情緒の安定」に関わる保育の内容と，一体となって展開されるものであることに留意が必要である。
　(2) ねらい及び内容

　　（略）

　　ウ　環　境
　　　周囲の様々な環境に好奇心や探究心をもって関わり，それらを生活に取り入れていこうとする力を養う。
　　　(ｱ) ねらい
　　　　① 身近な環境に親しみ，自然と触れ合う中で様々な事象に興味や関心をもつ。
　　　　② 身近な環境に自分から関わり，発見を楽しんだり，考えたりし，それを生活に取り入れようとする。
　　　　③ 身近な事象を見たり，考えたり，扱ったりする中で，物の性質や数量，文字などに対する感覚を豊かにする。
　　　(ｲ) 内　容
　　　　① 自然に触れて生活し，その大きさ，美しさ，不思議さなどに気付く。
　　　　② 生活の中で，様々な物に触れ，その性質や仕組みに興味や関心をもつ。
　　　　③ 季節により自然や人間の生活に変化のあることに気付く。
　　　　④ 自然などの身近な事象に関心をもち，取り入れて遊ぶ。
　　　　⑤ 身近な動植物に親しみをもって接し，生命の尊さに気付き，いたわったり，大切にしたりする。
　　　　⑥ 日常生活の中で，我が国や地域社会における様々な文化や伝統に親しむ。
　　　　⑦ 身近な物を大切にする。
　　　　⑧ 身近な物や遊具に興味をもって関わり，自分なりに比べたり，関連付けたりしながら考えたり，試したりして工夫して遊ぶ。
　　　　⑨ 日常生活の中で数量や図形などに関心をもつ。
　　　　⑩ 日常生活の中で簡単な標識や文字などに関心をもつ。
　　　　⑪ 生活に関係の深い情報や施設などに興味や関心をもつ。
　　　　⑫ 保育所内外の行事において国旗に親しむ。
　　　(ｳ) 内容の取扱い
　　　　上記の取扱いに当たっては，次の事項に留意する必要がある。
　　　　① 子どもが，遊びの中で周囲の環境と関わり，次第に周囲の世界に好奇心を抱き，その意味や操作の仕方に関心をもち，物事の法則性に気付き，自分なりに考えることができるようになる過程を大切にすること。また，他の子どもの考えなどに触れて新しい考えを生み

出す喜びや楽しさを味わい，自分の考えをよりよいものにしようとする気持ちが育つようにすること。
② 幼児期において自然のもつ意味は大きく，自然の大きさ，美しさ，不思議さなどに直接触れる体験を通して，子どもの心が安らぎ，豊かな感情，好奇心，思考力，表現力の基礎が培われることを踏まえ，子どもが自然との関わりを深めることができるよう工夫すること。
③ 身近な事象や動植物に対する感動を伝え合い，共感し合うことなどを通して自分から関わろうとする意欲を育てるとともに，様々な関わり方を通してそれらに対する親しみや畏敬の念，生命を大切にする気持ち，公共心，探究心などが養われるようにすること。
④ 文化や伝統に親しむ際には，正月や節句など我が国の伝統的な行事，国歌，唱歌，わらべうたや我が国の伝統的な遊びに親しんだり，異なる文化に触れる活動に親しんだりすることを通じて，社会とのつながりの意識や国際理解の意識の芽生えなどが養われるようにすること。
⑤ 数量や文字などに関しては，日常生活の中で子ども自身の必要感に基づく体験を大切にし，数量や文字などに関する興味や関心，感覚が養われるようにすること。
(3) 保育の実施に関わる配慮事項
ア 第1章の4の(2)に示す「幼児期の終わりまでに育ってほしい姿」が，ねらい及び内容に基づく活動全体を通して資質・能力が育まれている子どもの小学校就学時の具体的な姿であることを踏まえ，指導を行う際には適宜考慮すること。
イ 子どもの発達や成長の援助をねらいとした活動の時間については，意識的に保育の計画等において位置付けて，実施することが重要であること。なお，そのような活動の時間については，保護者の就労状況等に応じて子どもが保育所で過ごす時間がそれぞれ異なることに留意して設定すること。
ウ 特に必要な場合には，各領域に示すねらいの趣旨に基づいて，具体的な内容を工夫し，それを加えても差し支えないが，その場合には，それが第1章の1に示す保育所保育に関する基本原則を逸脱しないよう慎重に配慮する必要があること。

就学前の子どもに関する教育，保育等の総合的な提供の推進に関する法律（抄）
（平成29年4月26日法律第25号改正，平成30年4月1日施行）

平成18年6月15日法律第77号

第三章　幼保連携型認定こども園
（教育及び保育の目標）
第九条　幼保連携型認定こども園においては，第二条第七項に規定する目的を実現するため，子どもに対する学校としての教育及び児童福祉施設（児童福祉法第七条第一項に規定する児童福祉施設をいう。次条第二項において同じ。）としての保育並びにその実施する保護者に対する子育て支援事業の相互の有機的な連携を図りつつ，次に掲げる目標を達成するよう当該教育及び当該保育を行うものとする。
一　健康，安全で幸福な生活のために必要な基本的な習慣を養い，身体諸機能の調和的発達を図ること。
二　集団生活を通じて，喜んでこれに参加する態度を養うとともに家族や身近な人への信頼感を深め，自主，自律及び協同の精神並びに規範意識の芽生えを養うこと。
三　身近な社会生活，生命及び自然に対する興味を養い，それらに対する正しい理解と態度及び思考力の芽生えを養うこと。
四　日常の会話や，絵本，童話等に親しむことを通じて，言葉の使い方を正しく導くとともに，相手の話を理解しようとする態度を養うこと。
五　音楽，身体による表現，造形等に親しむことを通じて，豊かな感性と表現力の芽生えを養うこと。
六　快適な生活環境の実現及び子どもと保育教諭その他の職員との信頼関係の構築を通じて，心身の健康の確保及び増進を図ること。

■**編著者** (執筆担当)

岡　　　健　　大妻女子大学家政学部教授　　　　　　　　　第1・12章

■**著　者**（50音順）

安達　　譲　　せんりひじり幼稚園・ひじりにじいろ保育園園長　　第13章
岡本　潤子　　千葉幼稚園園長　　　　　　　　　　　　　　第7章
沖田久美子　　カナン子育てプラザ21園長　　　　　　　　　第6章
金澤　妙子　　大東文化大学文学部教授　　　　　　　　　　第2・10章
北澤　明子　　秋草学園短期大学幼児教育学科講師　　　　　第5章
佐藤　康富　　東京家政大学短期大学部教授　　　　　　　　第3・11章
波岡　千穂　　堀川幼稚園副園長　　　　　　　　　　　　　第8章
秦　　賢志　　はまようちえん理事長・ディレクター　　　　第4章
丸谷　雄輔　　札幌ゆたか幼稚園園長　　　　　　　　　　　第9章

〔執筆協力〕

安達かえで（せんりひじり幼稚園・ひじりにじいろ保育園）
藤原　晴子（せんりひじり幼稚園・ひじりにじいろ保育園）

演習 保育内容「環境」―基礎的事項の理解と指導法―

2019年（令和元年）7月20日　初版発行
2021年（令和3年）12月15日　第3刷発行

編著者　岡　　　　健
発行者　筑　紫　和　男
発行所　株式会社 建 帛 社
　　　　KENPAKUSHA

〒112-0011　東京都文京区千石4丁目2番15号
　　　　　　TEL（03）3944-2611
　　　　　　FAX（03）3946-4377
　　　　　　https://www.kenpakusha.co.jp/

ISBN 978-4-7679-5101-0　C3037　　　中和印刷／田部井手帳
Ⓒ岡　健ほか，2019.　　　　　　　　Printed in Japan
（定価はカバーに表示してあります）

本書の複製権・翻訳権・上映権・公衆送信権等は株式会社建帛社が保有します。
JCOPY〈出版者著作権管理機構 委託出版物〉
本書の無断複製は著作権法上での例外を除き禁じられています。複製される
場合は，そのつど事前に，出版者著作権管理機構（TEL03-5244-5088，
FAX03-5244-5089，e-mail : info@jcopy.or.jp）の許諾を得て下さい。